Schiermonnikoog
Ameland
Dokkum
Leeuwarden
FRIESLAND
Sneek
IJlst
Sloten
Assen
DRENTHE
Schokland
FLEVO-
LAND
Zwolle
OVERIJSSEL
Harderwijk
IJssel
Apeldoorn
Enschede
HOGE VELUWE
GELDER-
LAND
Arnheim
Wageningen
Rhein
Deutschland
Maas
Nuenen
LIMBURG
Heerlen
Vaalserberg
0 10 20 30 40 50 km

Gebrauchsanweisung für die Niederlande

Kerstin Schweighöfer

Gebrauchsanweisung für die Niederlande

PIPER

Mehr über unsere Autorinnen, Autoren und Bücher:
www.piper.de

Wenn Ihnen dieses Buch gefallen hat, schreiben Sie uns unter Nennung des Titels »Gebrauchsanweisung für die Niederlande« an *empfehlungen@piper.de*, und wir empfehlen Ihnen gerne vergleichbare Bücher.

Von Kerstin Schweighöfer liegen im Piper Verlag außerdem vor:
Ein Herz bricht selten allein
100 Jahre Leben
Auf Heineken könn wir uns eineken

Unser Versprechen für mehr Nachhaltigkeit
• Klimaneutrales Produkt
• FSC®-zertifiziertes Papier
• Hergestellt in Europa

MIX
Papier | Fördert gute Waldnutzung
FSC® C083411
www.fsc.org

ISBN 978-3-492-27756-3
2. Auflage 2023

Karte: Peter Palm, Berlin
Satz: Fotosatz Amann GmbH & Co KG, Memmingen
Gesetzt aus der Bembo und der Trade Gothic
Litho: Lorenz & Zeller, Inning am Ammersee
Druck und Bindung: CPI books GmbH, Leck
Printed in the EU

Für Dieter.
Neu-Niederländer, Erstleser & Lieblingsmensch.

Inhalt

Prolog: *Mijn vlakke Land*

Es ist einer jener Sommertage, an denen das Thermometer über dreißig Grad klettern wird. Ich habe den Wecker auf halb sechs gestellt, um ganz früh am *Wassenaarse Slag* zu sein und die noch kühlen Morgenstunden zu nutzen. Die Nordsee ist spiegelglatt, der Strand bis auf einen einzigen weiteren Hundebesitzer menschenleer. Am Horizont ziehen wie immer große Containerschiffe träge nach Schottland und Skandinavien. Oder, entgegengesetzt, Richtung Ärmelkanal und Hafen Rotterdam.

Ich blinzle in die Sonne, die gerade über dem Dünenhügel auftaucht, und treibe auf dem Rücken im Wasser – flankiert von meinen beiden Labradorhündinnen Nina und Emma, die mich nicht aus den Augen lassen. Rechts von mir, in der Ferne, zeichnet sich die Pier von Scheveningen mit dem Riesenrad gegen den blauen Himmel ab, links der weiße Leuchtturm von Katwijk. Manchmal, im Herbst oder Winter, machen wir eine lange Strandwanderung in das alte Fischerdorf und schlendern dort über den Boulevard. Hier am *Wassenaarse Slag* gibt es nur Meer und Dünen, Möwen und Strand. Und in den Sommermonaten ein paar Holzpavillons mit einladenden Terrassen.

Dort treffen gerade die ersten Mitarbeiter ein, rücken Tische und Stühle zurecht und stellen Sonnenliegen in den Sand, immer paarweise mit bunt gestreiftem Windschutz. Ob ich da vielleicht, weit vor der offiziellen Öffnungszeit, gleich noch ein *kopje koffie* bekommen werde, bevor ich mich an den Schreibtisch setze?

In solchen Momenten tiefer innerer Ruhe, wenn ich bis auf ganz wenige andere Menschen alleine zwischen Himmel und Meer zu sein scheine, erfüllt mich jedes Mal ein Gefühl der Freiheit und des Losgelöstseins. Was für ein Privileg ist es doch, in der Nähe eines wunderschönen Sandstrandes zu leben – da, wo andere Leute Urlaub machen. Obendrein zentral gelegen, direkt bei Den Haag und so ziemlich genau in der Mitte zwischen Amsterdam und Rotterdam. Einfach ideal, wenn man so wie ich als Auslandskorrespondentin aus den Niederlanden berichtet.

Ideal auch die Offenheit der Menschen, die grundsätzlich zu allem eine Meinung haben, frei von der Leber weg reden und ohne Umschweife zur Sache kommen. Manchmal sind sie zu direkt; nach den Maßstäben ihrer Nachbarn in England, Frankreich und auch Deutschland, wo weitaus mehr Wert auf Etikette gelegt wird, gelten sie zuweilen sogar als unhöflich und vorlaut. Und ihre Kinder als undiszipliniert und frech. Der UNESCO zufolge zählen die kleinen Niederländerinnen und Niederländer aber auch zu den glücklichsten Kindern auf Erden, eben weil sie mit viel weniger Zwängen und Druck aufwachsen als andere.

Denn in dem Land, in dem ich lebe, wird Freiheit nach wie vor großgeschrieben – trotz rechtspopulistischer und fremdenfeindlicher Strömungen, von denen auch die Niederlande nicht verschont geblieben sind. Es ist ein Land, das – aus der Luft betrachtet – einem abstrakten Mondrian-Gemälde gleicht, weil so gut wie alles von Menschenhand in klaren Linien geometrisch angeordnet und geschaffen und dem Meer abgetrotzt wurde. Ein Land mit historischen Städten, die immer noch so aussehen wie auf den Kunstwerken alter Meister. Ein Land auch, in dem die Kathedralen die einzigen Berge sind, wie es Jacques Brel 1962 in seinem wunderbaren Chanson über sein *vlakke land* besungen hat. Er machte damit zwar Flandern eine Liebeserklärung, aber einst waren sie ja ohnehin vereint, die beiden *lage landen,* die niedrigen Länder. Der niederländische Teil der Nordseeküste steht dem belgischen an Flachheit jedenfalls in nichts nach, auch er ächzt zuweilen unter dem Nordwind und lässt sich vom warmen Südwind liebkosen. Und so möge es mir Brel verzeihen, wenn ich seine Beschreibung für die Niederlande übernehme. Für mich sind sie *mijn vlakke land.*

Die Niederländer – ein Crashkurs

Um das gleich am Anfang zu klären: Alle Holländer sind Niederländer, aber nicht alle Niederländer Holländer. Dazu zählen nur die in den beiden Küstenprovinzen Süd- und Nordholland lebenden Menschen. Doch weil die schon vor Jahrhunderten, damals, als die Niederlande entstanden, am mächtigsten und reichsten waren, bürgerte sich Holland als Synonym für die Niederlande ein. Wobei bei Weitem nicht alle Niederländer damit einverstanden sind, auf Holländer reduziert zu werden. Weil das ungefähr so ist, als bezeichnete man alle Deutschen als Bayern oder Schwaben. Wie würden Sie sich da als Nicht-Bayer oder Nicht-Schwabe fühlen? Na, sehen Sie! Genauso geht es auch den Nicht-Holländern.

Und damit nicht genug: Wir Deutschen beschränken unser kleines Nachbarland im Westen auch gerne auf Tomaten und Tulpen, auf Kiffen, Käse und Holzschuhe, die Klompen. Hand aufs Herz: An was denken Sie bei Holland als Allererstes? Ertappt? Sie brauchen gar nicht so schuldbewusst dreinschauen, mir ging es nicht anders, als ich vor gut dreißig Jahren der Liebe wegen die Alpen gegen die Nordsee eintauschte. Ich bin da aufgewachsen, wo der Rhein entspringt, im Bodenseeraum. Jetzt lebe ich an seinem anderen Ende – da, wo er in die Nordsee mündet. Für mich als Süddeutsche waren die Niederlande wirklich extrem weit weg. Ich war es gewohnt, nach Süd oder Südwest zu schauen, nach Frankreich und Italien. Aber doch nicht über die Schulter rauf nach Nordwest!

Und auch ich dachte bei Holland (ja, Holland!) als Erstes an Tomaten und Tulpen, an Kiffen, Käse und Klompen. Vielleicht auch noch an den Kampf gegen das Wasser. Und die sprichwörtliche Lässigkeit der Niederländer, die so herrlich unkompliziert sein sollten, ohne Respekt vor Autoritäten. Die nicht nur jeden sofort duzten, sondern auch den Drang hatten, alles zu verkleinern und zu verniedlichen, indem sie überall ein *je* oder *tje* dranhängten. *Dropje voor dropje kwaliteit* – mit diesem Reklamespruch für Dosenmilch bin ich aufgewachsen. Aus einer Tasse wird hinter den Deichen ein Tässchen, ein *kopje.* Aus einem Bier ein *biertje.* Und ihr Land selbst bezeichnen die Niederländer gerne liebevoll als *kikkerlandje,* als Froschländchen. Weil es angeblich so kühl und nass ist.

Glauben Sie mir: Das ist das einzige der genannten Klischees und Vorurteile, das NICHT stimmt. Jedenfalls nicht mehr. Der Klimawandel hat den Sommern an der niederländischen Nordseeküste mediterranen Charakter verschafft, der (auch in meinem Garten) Palmen gedeihen lässt. Es werden am laufenden Band Hitzerekorde gebrochen. So wie 2020: Da dauerte die Hitzewelle im August zwei Wochen lang an; an acht Tagen hintereinander wurden weit über dreißig Grad gemessen. Das hatte es noch nie gegeben. Zum Leidwesen der *kikker.*

Ansonsten aber haben die aufgeführten Stereotypen durchaus ihre Richtigkeit: Käse, Tomaten und Tulpen gehören nun mal zu den beliebtesten Exportschlagern der Niederlande (Hasch übrigens auch, es liegt Schätzungen zufolge vor der Salatgurke und nach den Champignons auf Platz vier, aber daran werden die Niederländer eher ungern erinnert). Wobei den Tomaten in Deutschland nach wie vor das Image von Wasserbomben anhaftet – zum Leidwesen ihrer Züchter und inzwischen auch völlig zu Unrecht. Die Tulpe dagegen hat es schon vor Jahrzehnten geschafft, zum Nationalsymbol aufzusteigen. Für eine Immigrantin aus Kleinasien eine beachtliche und heute recht utopische Karriere.

Was den Verkleinerungsdrang der Niederländer betrifft: Der kann, ohne zu übertreiben, als Wahn bezeichnet werden, vor dem nichts sicher ist – weder *plantjes* und *beestjes,* also Flora und Fauna, noch *mannetjes* und *vrouwtjes,* also die Menschheit. Eigentlich werden nur Verbrecher und der König nicht verkleinert.

Gegen das Duzen hingegen ist wirklich niemand gefeit – noch nicht einmal Willem Alexander samt Gattin Máxima und Mutter Beatrix. Aber die Niederländer sind nun mal weitaus weniger formell als Deutsche oder Franzosen. Obrigkeitsdenken ist ihnen fremd. Dafür sind sie sehr direkt und halten selbst einfachste Höflichkeitsregeln für überflüssig, auch bei Wildfremden. Willem, ein holländischer Kollege von mir, kam vor nicht allzu langer Zeit fassungslos von einer Radtour entlang der Mosel zurück: Er war bei Koblenz vom Weg abgekommen, genauer gesagt vom Fluss, hatte sich den erstbesten Passanten geschnappt, ihm im schönsten Rudi-Carrell-Deutsch (»Weißt DU vielleicht, wo ich hier bin?«) die Landkarte direkt vor die Nase gehalten – und sich dann gewundert, dass der arme Mann erschrocken mehr als einen Meter zurücksprang.

Meine neuen Landsleute sind auch allergisch gegen Bevormundung. *»Laat me«,* lass mich, heißt nicht umsonst eines der schönsten und bekanntesten Lieder des 2009 verstorbenen niederländischen Chansonniers Ramses Shaffy, das auch zu meinen Lieblingsliedern gehört: »Lass mich einfach gewähren«, singt er da. *»Laat me mijn eigen gang maar gaan.«*

An dieser Stelle eine kleine Aussprachehilfe: *ij* wird e-i ausgesprochen, das *Rijksmuseum* ist also das Re-iksmuseum. *Oe* ist u – *Koe* wie Kuh. *Ou* ist au – *bouwen* wie bauen. Und *eu* ist ö – Europa wird hier also Öropa ausgesprochen. Und der *Keukenhof* (da, wo so viele Tulpen blühen) ist der Kökenhoff. Die belgische Stadt Leuven wird wie Löwen ausgesprochen. Und Köln ist *Keulen,* Kölen. Das hilft enorm beim Lesen, dann versteht man sofort deutlich mehr. Ach ja, und *g* ist natürlich ein *ch* wie im deutschen ach.

Eigenverantwortlichkeit wird in meiner Wahlheimat großgeschrieben, von radikalen Verboten nicht viel gehalten. Dazu sind die Niederländer viel zu pragmatisch. Und sie haben einen ungeheuren Drang nach Transparenz. Das hat mit dem Calvinismus zu tun, denn bei guten Calvinisten wird nichts verborgen (deshalb die einst offenen Gardinen, die allerdings hinter immer mehr Fenstern zugezogen werden). Jedenfalls schrecken die Niederländer davor zurück, etwas zu verbieten: Es könnte ja trotzdem weiterhin geschehen, nur heimlich, unkontrollierbar und eben nicht mehr transparent. Und da ist durchaus was dran.

Das hat zur Politik des *gedogens* geführt, ein Schlüsselbegriff in der niederländischen Gesellschaft. *Gedogen* bedeutet tolerieren oder dulden. Ein berühmtes Beispiel für *gedogen* ist das *blowen,* wie das Kiffen hier heißt – also der Konsum weicher Drogen. Sie sind auch in den Niederlanden nach wie vor illegal. Aber um den Haschraucher von der kriminellen harten Drogenszene fernzuhalten, darf er unter bestimmten Bedingungen in den Coffeeshops kiffen. Bei Prostitution und Abtreibung sind die Niederländer einen Schritt weiter gegangen: Beides ist inzwischen legal, wurde zuvor aber jahrelang nur *gedoogd*.

Ebenfalls ein mustergültiges Beispiel für den niederländischen Pragmatismus ist der Sterbehilfeparagraf: Es mag einige von Ihnen überraschen, aber auch in den Niederlanden ist Sterbehilfe verboten. Nur wenn der Arzt bestimmte Richtlinien einhält, muss er keine strafrechtlichen Folgen fürchten – dann wird Sterbehilfe *gedoogd*. Mit dieser Regelung hatten die Niederländer 2002 allen Protesten aus dem Ausland zum Trotz den internationalen Alleingang gewagt und wurden zu Wegbereitern.

Apropos Wegbereiter: Auch das ist typisch niederländisch, diese Unbefangenheit, diese Unerschrockenheit, mit der hier Neues umarmt und unbekannte Wege eingeschlagen werden. »Die Niederländer probieren es einfach aus«, erzählte mir ein deutscher Polizist aus dem Grenzgebiet einmal nicht ohne Neid und einigermaßen perplex. »Wenn's schiefläuft, wird's eingestellt, wenn's gut ist, behält man es bei. Wir Deutsche hingegen – wir führen erst einmal jahrelang zig Studien und Untersuchungen durch.«

So kommt es, dass die Niederländer immer wieder die Nase vorne haben und als progressiv gelten. Weil sie sich mehr trauen als andere. Ein berühmtes Beispiel dafür ist die gleichgeschlechtliche Ehe: Als erstes Land der Welt haben die Niederlande sie 2001 eingeführt. Weil jeder die Freiheit haben sollte, den zu heiraten, den er liebt – auch Männer einen Mann und Frauen eine Frau. Der beliebte homosexuelle Komiker und Schauspieler André van Duin bezeichnete die Niederlande als »Land, wo jeder er selbst sein kann«.

Doch auch wenn viele Stereotypen und Vorurteile ihre Berechtigung haben – machen Sie jetzt nicht den Fehler zu denken, damit habe sich die Sache erledigt, ansonsten werde es auf der anderen Seite der Grenze schon nicht sehr viel anders zugehen als zu Hause. Klingt nicht auch die Sprache der Niederländer ein bisschen wie ein drolliger deutscher Dialekt?

Schon wieder ertappt? In diesem Falle können Sie den Blick zu Recht schuldbewusst senken. Damit verscherzen Sie sich hinter den Deichen garantiert sämtliche Sympathien. Die Niederlande mögen zwar nur so groß sein wie Nordrhein-Westfalen und mit rund 17 Millionen Menschen auch genauso viele Einwohner haben. Aber sie sind mehr als unser putziger Nachbar im Westen, sie möchten für voll genommen werden – erst recht von einer Nation, die sie vor rund achtzig Jahren überrollt und besetzt hat. In den Niederlanden wird *Nederlands* gesprochen, und das ist – wie Deutsch – eine eigenständige germanische Sprache. Man darf sie als Halskrankheit bezeichnen, wenn man das unbedingt will, aber niemals als deutschen Dialekt. Deutsch und *Nederlands* sind sozusagen Geschwister. Und auch die Menschen in diesen beiden Ländern kann man als Brüder und Schwestern sehen. Aber weil Geschwister trotz aller Ähnlichkeiten sehr unterschiedlich sein können, ticken auch Deutsche und Niederländer in vielerlei Hinsicht sehr anders. Davon auszugehen, dass es wegen der vielen Gemeinsamkeiten keine besonderen Unterschiede gibt, ist der größte Anfängerfehler, den man machen kann. Ein lebensgefährlicher obendrein.

Das fängt schon beim Zebrastreifen an: Schweizer Autofahrer treten bereits fünfzig Meter vorher auf die Bremse (auch das weiß ich aus Erfahrung, ich bin im Schweizer Grenzgebiet aufgewachsen), deutsche immerhin meist zehn Meter davor, der niederländische Autofahrer hingegen, der fährt weiter. Der bremst nicht. Da muss man froh sein, dass er nicht auch noch Gas gibt. Und sollte er tatsächlich einmal vor einem Zebrastreifen anhalten, dann bedankt sich der Fußgänger in der Regel überschwänglich und weiß vor lauter Begeisterung gar nicht, wie schnell er auf die andere Seite kommen soll.

Auch beim (Be-)Zahlen kommen viele Deutsche ins Staunen, wenn sie vergeblich auf ihr Wechselgeld warten, jedenfalls auf die Ein- oder Zwei-Eurocent-Münzen: Das kommt davon, wenn man unbedingt noch vorsintflutlich mit Bargeld zahlen will! Dann muss man in Kauf nehmen, dass nach oben oder unten abgerundet wird: Aus 9,98 Euro werden zehn Euro, aus 9,97 Euro 9,95 Euro. Weil das lästige Kupferkleingeld die Portemonnaies zu voll macht. Finden jedenfalls die Niederländer und würden es deshalb am liebsten ganz abschaffen. Schließlich leben sie ohnehin bereits so gut wie bargeldlos, denn alles – auch eine Schachtel Streichhölzer oder einen Kaugummi – können sie problemlos mit ihrem *pinpas* zahlen, ihrer Bankkarte. Folge: Viele vergessen, ins Ausland Bargeld mitzunehmen. So wie Amra, die Tochter von meinen Freunden Vincent und Moniek, die kürzlich mit Kommilitoninnen ein Wochenende in der Eifel verbracht hatte und entsetzt berichtete, dass sie nach dem Essen im Restaurant nicht hatten zahlen können, weil sie bargeldlos verreist waren. »Stell dir vor, da konnte man nicht *pinnen!*« Da half nichts – die *meisjes* mussten am späten Abend noch in den nächsten größeren Ort fahren und dort einen Geldautomaten suchen. »Die Details dieser Odyssee erspare ich dir«, seufzte Amra.

Am deutlichsten aber sind die Unterschiede zwischen Niederländern und Deutschen, wenn es um ihre Gesundheit geht, da tun sich zwischen den beiden Nationen regelrechte Abgründe auf. Dazu reicht es, den Fernseher anzumachen und auf die Werbung zu achten. In den Niederlanden geht es in der Hauptsache ums Geld: Wo kann ich sparen, wo kriege ich zwei Flaschen Spülmittel zum Preis von einem – *twee voor een,* eine bei den sparsamen Calvinisten sehr beliebte Aktion.

In Deutschland hingegen dreht sich fast alles um die Gesundheit und wie ich sie angeblich erhalten oder wiederherstellen kann, sprich: um Pillen, Säfte und Salben. Alles völlig überflüssig, finden die Niederländer. »Salben sind nur Geldmacherei«, bekam ich von meinem Hausarzt zu hören, als ich ihn einmal wegen eines verstauchten Fußes aufsuchte. »Die Schwellung geht von selbst wieder zurück.« Und er sollte ja auch recht behalten.

In den Augen meiner neuen Landsleute sind wir Deutschen Weicheier, denn in den Poldern gilt das calvinistische Motto: *Niet klagen maar dragen.* Mit anderen Worten: Was mich nicht umbringt, macht mich stark. Wundert es einen da noch, dass die Niederländer keine Kuren kennen? Als meine niederländische Freundin Ina hörte, dass meine deutsche Freundin Christine wegen Kreislaufbeschwerden anstandslos drei Wochen zur Kur gehen konnte, geriet sie regelrecht aus der Fassung: *»Waaaaanzin! Wat dat kost!«* Das Wort Kreislaufbeschwerden gehört seitdem zu Inas Lieblingswörtern. Sie lässt es sich immer regelrecht auf der Zunge zergehen und rollt dabei die Augen. Ina ist überzeugt davon, dass es dieses Wort in keiner anderen Sprache gibt: »An Kreislaufbeschwerden leiden nur Deutsche.«

Ina ist eine Bilderbuchholländerin, hochgewachsen mit hellblonden, schulterlangen Haaren. Familie und Beruf konnte sie immer gut unter einen Hut bringen, denn die Niederländerinnen sind Weltmeisterinnen im Teilzeitarbeiten. Und so wie einst ihre vier Kinder setzt Ina inzwischen auch ihre Enkel aufs Rad – eins vorne, eins hinten, rechts und links prall gefüllte Einkaufstaschen. So sieht das *Mom's Taxi* in den Niederlanden aus. Alles kein Problem, die Niederländerinnen sind wahre Gleichgewichtskünstlerinnen auf dem *fiets.*

Ina leiht mir ihr Rad immer gerne aus, wenn ich Besuch aus Deutschland bekomme. Das heißt, sie würde es gern tun, denn es wäre ja sehr praktisch, schon wegen der Kindersitze. Und deshalb kann sie nicht nachvollziehen, dass von ihrem Angebot bei Weitem nicht immer Gebrauch gemacht wird. Auch meine Schwester lehnte dankend ab, als sie mit meiner damals zwei Jahre alten Nichte vorbeikam. Sie guckte nur den Kindersitz an und dann mich, als ob ich von einem anderen Planeten käme. Es fehlte nicht viel, und sie hätte sich an die Stirn getippt. Nie und nimmer würde sie sich auf dieses Rad setzen – allerhöchstens mit Helm. Den hatte ich natürlich nicht. Ina auch nicht: Bei der Vorstellung daran würde die sich an die Stirn tippen. Mit Helm spürt man ja den Wind in den Haaren nicht mehr! Der muss freies Spiel haben!

Nun ist es zwar so, dass der niederländische Radfahrer in Watte gepackt wird: Er hat eigene Ampeln, eigene Unterführungen und einen eigenen Kreisverkehr, er muss sich nicht, wie in deutschen Städten, den Gehweg mit Fußgängern teilen (grau-en-haft!). Nein, er hat seine eigene Straße, ganz für sich allein. Es gibt sogar Schnellstraßen, speziell für *fietsers*. Aber trotzdem hat mich dieser Besuch meiner Schwester einmal mehr in meinem Eindruck bestätigt, dass das Sicherheitsbedürfnis der Niederländer, verglichen mit dem der Deutschen, als kümmerlich bezeichnet werden darf. Anders ausgedrückt: Bei Deutschen ist es wesentlich stärker ausgeprägt. Wir gehen gerne auf Nummer sicher. Wir rechnen mit dem Schlimmsten. Verglichen mit Niederländern sind wir extrem risikomeidend. Die sind da viel entspannter. Und viel optimistischer: *»Komt goed!«*, lautet ihr Motto. »Wird schon gut gehen.« Und in den meisten Fällen geht es ja auch gut.

Deshalb gibt es hier auch Parkplätze, die in Deutschland undenkbar wären und die das Einparken für Nicht-Niederländer zu einer traumatischen Erfahrung werden lassen: parallel zur Gracht, ganz ohne Stahlbügel, ganz ohne irgendwas, das den freien Fall ins Wasser bremsen würde. Nichts, *nada, niente, nothing.* Wozu auch? Geht in den meisten Fällen ja gut! Auch wenn man dann nur noch auf einer Seite aussteigen kann – weil man auf der anderen ins Wasser fallen würde.

Apropos parken: Tun Sie es nur da, wo es erlaubt ist, und zahlen Sie immer ausreichend. Falschparken ist ein teurer Spaß und fängt bei 95 Euro an. Das gilt auch für Geschwindigkeitsübertretungen, insbesondere auf den Autobahnen, wo tagsüber nur Tempo hundert erlaubt ist. Zwanzig km/h mehr? Macht 132 Euro. Ich wurde neulich mit meinen Hündinnen in einem Gebiet erwischt, wo ich sie an die Leine hätte nehmen müssen, aber frei laufen ließ. Der Ordnungshüter kannte kein Pardon: 95 Euro. Noch mehr zur Kasse gebeten wurde die Tochter eines deutschen Bekannten, die für ein Auslandssemester gerade nach Amsterdam umgezogen und spätabends beim *wildplassen* erwischt worden war: Sie hatte vergeblich nach einer Frauentoilette Ausschau gehalten, sich in ihrer Not schließlich im Vondelpark hinter einen Baum gehockt – und verstand die Welt nicht mehr, als sie deswegen zu einer Strafe von 140 Euro verdonnert wurde. Die Niederlande waren doch dieses lockere liberale Land, in dem man es mit Verboten nicht so genau nahm und alle Augen zudrückte? Von wegen – diese rosarote Brille können Sie getrost absetzen! Die niederländische Gesellschaft hat auch ihre harten Seiten, sie weiß mühelos Liberales und Repressives zu vereinen. Was insbesondere uns Deutsche immer wieder überrascht.

An all das musste auch ich mich erst einmal gewöhnen. Inzwischen allerdings sind dreißig Jahre unter Niederländern nicht ohne Folgen geblieben: Bei Deutschlandbesuchen muss ich daran denken, Bargeld mitzunehmen, und aufpassen, dass ich nicht zu direkt bin und jeden sofort duze. Ich finde es normal, dass mich mein Hausarzt ohne Rezept wieder nach Hause schickt, und ich kann parallel zur Gracht einparken. Statt Bergwanderungen genieße ich lange Strandspaziergänge, See und Salzluft. Das gesellschaftliche Klima ist trotz allem nach wie vor liberal, der Nachdruck liegt auf der Eigenverantwortlichkeit. Man wird viel weniger bevormundet und hat immer ein bisschen das Gefühl, ohne Helm auf dem Rad zu sitzen und den Wind in den Haaren zu spüren.

Ich habe es kennen- und lieben gelernt, *mijn vlakke land*. Es ist hier nicht alles besser, das nicht. Aber vieles anders – sehr viel mehr, als man auf den ersten Blick vermutet. Dafür gibt es oft Erklärungen. Auf den nächsten Seiten werden Sie erfahren, weshalb die Niederländer in so vielerlei Hinsicht so anders ticken als wir Deutschen. Und wie sie trotz Klimawandel weiterhin trockene Füße behalten wollen. Warum Englisch statt *Nederlands* zur Weltsprache aufgestiegen ist. Was die DNA von New York mit Amsterdam zu tun hat und der holländische Hering mit Truthahn und Thanksgiving Day. Und weshalb wir Deutschen hinter den Deichen nicht mehr der ungeliebte große Bruder im Osten sind, sondern – im Gegenteil – oft der hochgelobte und vorbildliche.

Wir werden zusammen den hohen Norden und den tiefen Süden erkunden, wo die Unterschiede zwischen den Menschen genauso markant sind wie zwischen Münchnern und Hamburgern, auch wenn sie nicht 800, sondern nur 330 Kilometer trennen. Und Sie werden die unbekannten Seiten von bekannten Städten wie Amsterdam, Den Haag und Rotterdam kennenlernen.

Als Erstes aber möchte ich Sie in die alte Rembrandt- und Universitätsstadt Leiden entführen. Weil der Leidener Grachtengürtel genauso malerisch ist wie der von Amsterdam. Weil sich hier die allererste Tulpe durch holländischen Boden gebohrt hat. Weil der Samstagsmarkt von Leiden der schönste ist, den ich kenne. Und weil ich seit fast dreißig Jahren am Stadtrand von Leiden wohne.

Ach, eh ich es vergesse: Wir können uns doch duzen, oder? Einverstanden?

Gut, dann kann es ja losgehen. *Kom je mee?*

Leiden: *Holland in een notendop*

»Kopf einziehen!«, rufen Dolf und Dieter beinahe gleichzeitig, denn Ina und ich sind so ins Gespräch vertieft, dass wir nicht mehr auf die Umgebung geachtet haben. Wir gehorchen umgehend. Vor uns liegt die *Karnemelksbrug,* die Buttermilchbrücke – und die ist so niedrig, dass man sich besser ducken sollte.

Wie so oft an Samstagvormittagen bei schönem Wetter hat meine Freundin angerufen und gefragt, ob wir mitfahren wollen zum Markt. Was wir uns in der Regel nicht zweimal fragen lassen. Schließlich gibt es keine schönere Art, sich dem alten Stadtzentrum von Leiden zu nähern, als auf dem Wasserweg! Genauer gesagt auf dem *Vliet,* einem malerischen Kanal, der schon im 12. Jahrhundert gegraben wurde und von Leiden nach Süden führt, bis ins 25 Kilometer entfernte Delft. Dieter und ich haben zwar kein eigenes Boot, aber praktischerweise Freunde mit Boot. Was in diesem Teil der Welt keine Ausnahme ist. Dazu reicht ein Blick aufs Wasser, auf dem sich auch an diesem Samstagvormittag Gefährte in allen Größen und

Preisklassen tummeln. Es ist auch möglich, sich Boote zu mieten – und ich kann euch nur ans Herz legen, von dieser Gelegenheit Gebrauch zu machen, solltet ihr mal in Leiden sein!

Ina und Dolf besitzen wie so viele Holländer einen *sloep* (sprich: sluup), der ist sehr beliebt, weil er so gemütlich ist. Eigentlich ist ein *sloep* eine große, mit bequemen Kissen gefüllte Badewanne, die ringsherum mit einem dicken Tau verziert wird. Bei meiner allerersten Fahrt, ich weiß es noch genau, hatte ich keine Zeit für Gespräche, sondern nur Augen für die Umgebung. Ich konnte mich nicht sattsehen an den vielen weiß gestrichenen und mit Blumen geschmückten Brücken, unter denen wir hindurchfuhren. Auch nicht an den Backsteinfassaden der Grachtenhäuser – das eine schmaler und schiefer als das andere, mit Treppen-, Glocken- oder Schnabelgiebeln. Vor ihnen bohrten sich üppig blühende Stockrosen aus dem Kopfsteinpflaster. Wir tuckerten an Hausbooten vorbei, in die ich ungeniert hineinlugte – die einen moderne und mit teuren Designermöbeln gefüllte geometrische Quader, die anderen baufällige alte Kähne mit abblätternder Farbe, bei denen man sich wunderte, wie sie sich über Wasser halten konnten und warum sie nicht schon längst abgesoffen waren. Auf dem Wasser schwammen Enten und Blesshühner und übten zwischen Seerosen Slalom, und als wir uns dem botanischen Garten näherten, dem *Hortus botanicus,* sahen wir schon von Weitem Jung und Alt auf den gepflegten Rasenflächen rechts und links am Wasser liegen und lesen, sonnenbaden oder picknicken. Holland wie aus dem Bilderbuch. Alles da, was man sich so vorstellt. *In a nutshell,* würden die Briten sagen. Oder wie's hier heißt: *in een notendop.*

Ina schenkt Kaffee aus der Thermoskanne ein und grüßt die Menschen auf (oder besser: in) dem *sloep,* der uns entgegenkommt. Die halten bereits mit kühlem Rosé gefüllte Weingläser in der einen und belegte *broodjes* in der anderen

Hand. Wir warten mit beidem, wir wollen ja erst den Markt besuchen. Dolf findet einen freien Anlegeplatz am *Nieuwe Rijn,* mitten in der Altstadt, direkt hinter den Blumenhändlern. Wir springen auf den Kai, schieben uns zwischen zwei Ständen hindurch auf die Straße und mischen uns in den Strom der anderen Marktbesucher.

Wie immer gerate ich in einen wahren Sinnesrausch. Für welche Blumen soll ich mich entscheiden? Tulpen, Gerbera, Pfingstrosen? In prall gefüllten Kübeln leuchten sie uns vom Straßenpflaster in allen Farben an – wie ein riesiges dreidimensionales Kunstwerk aus unzähligen bunten Tupfern. Ein paar Meter weiter machen sich die wagenradgroßen Laibe der Käsehändler breit. Auf der anderen Seite der Gracht stehen die Obst- und Gemüsehändler, da werden wir noch rübergehen, Ina braucht Ananas und Granatäpfel, ich Pastinaken. Und Dieter will für den *borrel* heute Abend (den traditionellen niederländischen Drink oder Aperitif ab 17 Uhr) unbedingt noch Oliven und frisch gebrannte Nüsse kaufen.

Erst einmal aber traben wir alle Dolf hinterher, der auf unseren Lieblingsfischstand zusteuert: Auch hier weiß man nicht, wo man zuerst hingucken soll. Auf dem Eis liegen Tintenfische, Muscheln und Austern, Seezungen, Schollen, Doraden, auch Lachs und Heilbutt fehlen nicht. Ich bestelle erst ein paar Krabbenbrötchen – *broodjes garnaal* – als Proviant für die Heimfahrt und decke mich dann mit einer Portion *kibbeling* ein: mundgerechte Stückchen Kabeljau oder Seelachs, mit Backteig überzogen und frittiert, dazu Remouladensoße – *heerlijk!* Die anderen hingegen entscheiden sich für Hering und verspeisen ihn auf der Stelle fachmännisch: am Schwanz packen, Kopf in den Nacken legen und dann langsam in den Mund gleiten lassen. Fasziniert schaue ich zu und schüttle mich ein bisschen: An *haring* habe ich mich in all den Jahren nicht gewöhnen können.

Dabei gehört er zu den niederländischen Küstenprovinzen wie die Tulpen und die Windmühlen. Schon Rembrandt soll jeden Morgen einen Hering verspeist haben, bevor er zum Pinsel griff. Und in Leiden, wo der große Meister 1606 geboren wurde und die ersten 25 Jahre seines Lebens verbrachte, spielt der Hering obendrein eine ganz besondere Rolle. Daran werde ich jedes Mal erinnert, wenn wir zum Abschluss unseres Marktbesuchs auf der schwimmenden Caféterrasse von *Annie's* einen freien Platz zu ergattern versuchen. Sie liegt mitten auf dem Wasser – da, wo der alte und der neue Rhein zusammenfließen, der *Oude* und der *Nieuwe Rijn*. Hier ist man wirklich im Herzen der Altstadt, umgeben von Brücken, Grachtenhäusern und der *Waag*, wo einst die Kaufleute mit ihren Schiffen anlegten, um ihre Waren wiegen zu lassen. Mehr mittendrin geht nicht.

Die Vertreibung der Spanier

Vor der *Waag* teilt der Bürgermeister von Leiden jedes Jahr am 3. Oktober Hering und Weißbrot an die Bürger aus, *haring en wittebrood*. Das ist der Auftakt für ein zweitägiges Stadtfest mit Jahrmarkt, Feuerwerk und viel Musik, mit dem die Leidener der Befreiung von den Spaniern 1574 gedenken. *Leidens Ontzet* heißt dieses Fest – wobei *ontzet* das Gegenteil von *bezet* (besetzt, belagert) bedeutet, man das aber leider nicht direkt ins Deutsche zurückübersetzen kann, denn ent-setzt waren in diesem Falle allerhöchstens die Spanier.

Das alles hatte sich während des Achtzigjährigen Krieges abgespielt, als die calvinistischen Niederländer es wagten, den Aufstand gegen das katholische Spanien zu proben. Damals waren sie noch Teil der spanischen Niederlande und fielen unter die Herrschaft von Philipp II., König von Spanien und – was noch eine Untertreibung ist – erzkatholischer Fundamentalist. Als Startschuss für diesen Unabhängigkeitskrieg gilt die Schlacht bei Heiligerlee 1568. Zwei Jahre zuvor hatten erboste Calvinisten bereits die katholischen Kirchen gestürmt und alles, was nicht niet- und nagelfest war, zerschlagen: der Bildersturm.

Amsterdam blieb zunächst katholisch und königstreu und schloss sich erst 1578 den Aufständischen an, Leiden hingegen bereits 1572. Was sich die Spanier natürlich nicht einfach so gefallen ließen: Im Oktober 1573 versuchten sie, Leiden zurückzuerobern und die Stadt auszuhungern. Fast ein Jahr lang wurde Leiden belagert, nebenbei auch noch von der Pest heimgesucht. Tausende Bürger starben. Immer mehr Leidener wollten sich ergeben. Doch ihr Bürgermeister sprach ihnen Mut zu. Dass sie durchhielten, soll der Legende zufolge daran gelegen haben, dass er ihnen seinen eigenen Körper zum Essen angeboten hatte. *»Snijdt het aan stukken en deelt ze om!«*, soll er gerufen haben. »Schneidet ihn in Stücke und verteilt sie!«

Ein Schicksal, das ihm zum Glück erspart blieb. Denn stattdessen kamen niederländische Widerstandskämpfer, die *Geuzen,* auf die Idee, den einen Feind mit dem anderen zu bekämpfen: In der Nacht vom 2. auf den 3. Oktober 1574 durchbrachen sie die Deiche. Petrus stand auf der Seite der Aufständischen: Er beglückte sie in dieser Nacht nicht nur mit einem handfesten Sturmtief, sondern sorgte auch dafür, dass der Wind aus der richtigen Richtung kam und die Wassermassen nach Leiden trieb. Die Stadt selbst war durch Kanäle und Deiche ringsherum vor Hochwasser geschützt. Die Spanier hingegen mussten Hals über Kopf flüchten, um nicht jämmerlich in den Fluten zu ertrinken. Am nächsten Morgen machten sich die *Geuzen* auf den Weg in die befreite Stadt, auf Schiffen, die voll beladen waren mit Hering und Weißbrot. Über den *Vliet* gelangten sie ins Stadtzentrum an die *Waag,* um mit den hungrigen Bürgern das Ende der Belagerung zu feiern.

Als Belohnung für ihr Durchhaltevermögen durften die zwischen einer drastischen Steuersenkung und der ersten protestantischen Universität im freien Norden wählen – und natürlich entschieden sie sich – Legenden sind einfach zu schön – für die Universität.

Harvard an der Nordsee

Die galt bereits im 17. Jahrhundert als Harvard der Niederlande. Auch Rembrandt hat sich hier 1620 eingeschrieben: *Rembrandus Hermanni Leydensis.* Und zwar als *studios[us] litterarum,* Student der Geisteswissenschaften. Er war zwar erst 14, aber das war für diese Zeit nicht weiter ungewöhnlich. Zu den Absolventen der Leidener Universität gehört auch ein gewisser Nicolaes Tulp aus Amsterdam, der hier Medizin studierte. Der Name kommt euch bekannt vor? Zu Recht: Es geht um den Arzt, den Rembrandt auf seiner berühmten »Anatomiestunde des Dr. Nicolaes Tulp« verewigt hat. Auch der Tote auf dem Seziertisch stammte aus Leiden, Aris Kindt, ein Dieb, den man in Amsterdam aufgehängt hatte.

Noch mehr Leiden-Connection: Dr. Tulp hatte eine Tochter, die mit Jan Six I. vermählt wurde – ein Name, bei dem es in den Ohren vieler Kunstliebhaber erneut laut klingeln dürfte. Six war Rembrandts Freund und wichtigster Mäzen, außerdem Gründer des gleichnamigen Patriziergeschlechts, das inzwischen zwölf Sixe hervorgebracht hat. Auch Jan Six I. studierte in Leiden, Jura und freie Künste. Rembrandt hat ihn auf einem seiner schönsten Werke im Reiterkostüm festgehalten, wie er gerade die Handschuhe auszieht – eines meiner Lieblingsbilder.

Die allergrößten Porträts, die Rembrandt je gemalt hat, sind die von Marten Soolmans und seiner Frau Oopjen Coppit, einem ebenso reichen wie jungen Ehepaar aus der Amsterdamer Oberschicht. Rembrandt porträtierte sie 1634 für 500 Gulden. Baron Eric de Rothschild, in dessen Besitz sich die beiden Pendants befanden, verkaufte sie 2015 für 160 Millionen Euro. Und zwar sowohl an die französische als auch an die niederländische Regierung. Die hatten sich heftig um die Bilder gestritten und sie letztendlich als Kompromiss zusammen angekauft, um sie abwechselnd im Louvre und im *Rijksmuseum* zu zeigen. Und nun die Leiden-Connection: Auch Marten Soolmans hat in Leiden Jura studiert. Er wohnte keine drei Gehminuten von Rembrandts Elternhaus am *Weddesteeg* entfernt, an der *Rapenburg,* der schönsten Gracht der Stadt. Getroffen haben sich die beiden jungen Männer in den *Drie Haringen,* den Drei Heringen, einer beliebten Herberge, die genau in der Mitte lag – *Rapenburg,* Ecke *Noordeinde.* Ist das nicht faszinierend, wie alles zusammenhängt?

Doch nicht nur prominente Patrizier haben in Leiden die Hörsaalbank gedrückt, auch Könige und Königinnen. Zu diesen Absolventen zählen der jetzige König Willem Alexander und seine beiden Vorgängerinnen: Mutter Beatrix und Oma Juliana. Aller Voraussicht nach werden die Leidener bald auch Prinzessin Amalia, die Thronfolgerin, als Studentin durch ihre Stadt radeln sehen. Alles andere wäre für sie eigentlich eine Beleidigung. Schon jetzt wird davon ausgegangen, dass Amalia wie ihr Vater dann bestimmt auch an der schicken *Rapenburg* leben wird. Willem Alexander bewohnte hier das Grachtenhaus mit der Nummer 116, zusammen mit drei Kommilitonen. Das Erdgeschoss war für die Leibwächter reserviert. Im Garten hielt er sich ein paar Hühner und einen zum Leidwesen der Nachbarn sehr laut krähenden Hahn, so heißt es in einer 2010 erschienenen Biografie über sein Studentenleben. Darin erfuhren die Niederländer auch, dass ihr zukünftiger König im Keller der *Rapenburg* 116 einmal gewitzelt haben soll, ob es dort nicht vielleicht eine kleine Pipeline, *een pijplijntje,* nach Zoeterwoude gebe. Um den Witz zu verstehen, muss man wissen, dass sich in Zoeterwoude die Heineken-Brauerei befindet. Schon als Student hat sich Willem Alexander als Biertrinker geoutet. Das brachte ihm den Beinamen *Prins Pils* ein.

Aber auch als König ist man halt nur einmal jung. Und wie heißt es so schön? Wenn man's richtig macht, dann reicht das. Willem Alexander schaffte es während seiner Leidener Studentenzeit sogar, einmal mit dem Auto in der Gracht zu landen. Am 21. Mai 1988 war das. Geht halt doch nicht IMMER gut.

Der junge Rembrandt

Manchmal, wenn ich durch Leiden schlendere, stelle ich mir vor, wie Rembrandt hier einst als Kind zusammen mit anderen durch die Gassen rannte oder am Grachtenufer spielte. Wie er sich sonntags mit seiner Familie zum Gottesdienst in die mächtige *Pieterskerk* begab, wo seine Eltern später auch begraben wurden. Am Stadtbild von Leiden hat sich ja nicht viel geändert, jedenfalls nicht im historischen Zentrum. Was ich heute sehe, muss Rembrandt vor rund 400 Jahren auch gesehen haben. Vielleicht hat er sich mit seinem Skizzenblock an den *Nieuwe Rijn* gesetzt, zusammen mit seinem Freund und Kollegen Jan Lievens. Oder er fachsimpelte mit seinen beiden anderen Leidener Kollegen Jan Steen und Jan van Goyen über Radierungstechniken. Auch mit denen soll er sich oft in den *Drie Haringen* getroffen haben, das muss damals eine ziemlich angesagte Kneipe gewesen sein.

Natürlich finden es die Leidener schade, dass Rembrandt die Stadt mit 25 verließ und nach Amsterdam umzog. Aber der Grundstock seiner Karriere wurde hier gelegt – und darauf sind sie stolz. Deshalb kann Leiden mit Rembrandtdenkmal, Rembrandtbrücke, Rembrandtpark und Rembrandtplatz aufwarten. Eines allerdings haben sich die Leidener nie verziehen, und dafür schlägt sich so manch einer noch heute vor die Stirn: dass Rembrandts Geburtshaus am *Weddesteeg* nicht mehr steht. 1927 wurde es abgerissen, weil es so verfallen war und – heute kaum vorstellbar – niemand Lust hatte, es zu renovieren. Nur eine schlichte Gedenktafel an der Außenwand eines Neubaukomplexes erinnert daran, dass hier einst die Ikone der niederländischen Malerei das Licht der Welt erblickte.

Die Lateinische Schule an der *Lokhorststraat* hingegen, wo Rembrandt ab sieben lesen, schreiben und Latein lernte, die steht noch – schaut euch mal den prachtvollen Treppengiebel mit den roten Fensterlädchen an! Wer einen speziellen Rembrandtspaziergang durch die Stadt macht, kommt auf jeden Fall hier vorbei. Der führt auch zum Haus von Rembrandts erstem Lehrer Jacob van Swanenburgh an der *Langebrug,* heute eine pittoreske kleine Straße mit vielen schönen Lädchen.

Noch während seiner Leidener Zeit begann Rembrandt, selbst Schüler auszubilden, am *Kort Galgewater* hatte er ein eigenes Atelier. Da fahren wir nach dem Marktbesuch auf dem Rückweg mit dem *sloep* oft vorbei – es ist eine der malerischsten Stellen von Leiden, mit einer weißen Zugbrücke, die den Namen Rembrandtbrücke trägt und genauso aussieht wie die *Magere Brug* in Amsterdam. Nur mit Mühle! Zu Rembrandts Zeiten befanden sich hier sogar zwei Mühlen – die von seinem Vater (ja, Rembrandt war ein Müllerssohn) stand direkt daneben, beide mahlten Malz für die vielen Bierbrauereien in der Stadt.

Aber auch wenn da heute nur noch eine Mühle steht: Zusammen mit der weißen Zugbrücke sorgt sie dafür, dass sich umgehend das Holland-Gefühl einstellt. So schön, dass es fast schon wehtut. *Holland in een notendop.* Erst recht bei Abendrot. Manchmal bleiben wir nach dem Markt in der Altstadt hängen und tuckern erst bei Einbruch der Dunkelheit heimwärts. Wenn dann auch noch der Mond aufgeht und mit seiner Sichel über Mühle und Brücke schwebt, ich sage euch …

Jaja, ist gut. Ich hör ja schon auf.

Molens

Windmühlen gehören zu den Niederlanden wie die Tulpen und die Holzschuhe, sie sind Teil der nationalen Identität, denn mit ihrer Hilfe konnte dem Wasser Land abgerungen werden. Sie pumpten ganze Seen und Meeresbecken leer. Eine niederländische Erfindung allerdings sind sie nicht: Sie stammen aus Persien und gelangten vermutlich über die Araber und Kreuzfahrer nach Europa. In Ländern wie Portugal und Griechenland gibt es weitaus mehr Mühlen als in den Niederlanden, aber – und das ist der Unterschied – die Niederländer verdanken ihnen ihr Land und damit ihre Existenz. Von den ursprünglich rund 10 000 Mühlen sind nur noch an die tausend übrig. Sie stehen unter Denkmalschutz. Ehrenamtliche sorgen an den Wochenenden dafür, dass sie sich bei Wind immer noch drehen, und am nationalen Mühlentag, dem zweiten Samstag im Mai, drehen sich sogar alle tausend Mühlen im Land! Neben der Schar ehrenamtlicher Helfer gibt es noch gut fünfzig Berufsmüller, die Korn mahlen, Holz sägen oder Öl pressen. Ausgebildet werden sie von der niederländischen Mühlenvereinigung, die sich für den Erhalt dieses Kulturerbes einsetzt.

Jedenfalls konnte Rembrandt, wenn er die Tür zu seinem Atelier hinter sich zugezogen hatte, auf dem Nachhauseweg bei seinem Vater Harmen in der Mühle vorbeischauen. Vielleicht hatte er einen seiner Schüler im Schlepptau. Einer der ersten war Isaac de Jouderville, der Sohn vom Wirt der *Drie Haringen.* Die Familie stammte aus dem französischen Metz. Sie gehörte zu den Zehntausenden von Glaubensflüchtlingen, die sich in Leiden niedergelassen hatten, nachdem sich die Stadt 1574 von den Spaniern befreit hatte: Neben Hugenotten aus Frankreich suchten auch Protestanten aus Wallonien, Flandern, England und Deutschland in Leiden ihr Heil. Im Labyrinth der engen Straßen und Gassen wurde niederländisch gesprochen, englisch, französisch und deutsch; um 1600 waren mehr als die Hälfte der Einwohner Immigranten. Leiden blühte auf: Es wurde nicht nur ein wichtiges Zentrum der Wissenschaften, sondern stieg als zweitgrößte Stadt des freien Nordens nach Amsterdam auch zu einer pulsierenden Handelsmetropole auf. Denn hier konnten die Geflüchteten nicht nur ihren Glauben frei ausüben, sie fanden auch Arbeit in der Textilproduktion. Die brachten sie bei dieser Gelegenheit mit neuesten Herstellungs- und Webtechniken aus ihren Heimatländern auf Vordermann – und lieferten damit den Beweis, dass »Flüchtlingswellen« auch Gutes mit sich bringen.

Laken uit Leiden – Tuch aus Leiden – war in ganz Europa gefragt, ein edler Stoff, vergleichbar mit Flanell oder Loden. Noch heute nennt sich Leiden deshalb *Lakenstad.* Am teuersten war dieses *laken* schwarz gefärbt. Das ist auch eine Erklärung dafür, weshalb die Menschen auf den (Gruppen-)Porträts von Rembrandt und anderen alten Meistern so oft schwarz und damit standesgemäß gekleidet sind.

Die *Pilgrim Fathers*

An einem Februartag 1609 legte eine Gruppe ganz besonderer Glaubensflüchtlinge mit ihrem Schiff an der *Waag* in Leiden an: die *Pilgrim Fathers.* Sie kamen aus England. Im Grunde genommen waren sie nur ein paar Hundert Flüchtlinge unter vielen und nicht weiter erwähnenswert – hätte nicht ein Teil von ihnen elf Jahre später beschlossen weiterzuziehen. 1620 segelten sie nach einem Zwischenstopp in Plymouth, wo sie auf die *Mayflower* umstiegen, über den Atlantik und gingen als Gründerväter der amerikanischen Gesellschaft in die Geschichte ein. In vielen Schul- und Geschichtsbüchern wird der niederländische Teil dieses Ereignisses immer noch übergangen, aber die Reise der *Pilgrims* begann in Leiden.

Ihre Heimat England mussten sie verlassen, weil sie die anglikanische Staatskirche nicht anerkannten. Die hatte in ihren Augen noch zu viele katholische Elemente. Am meisten missfiel ihnen, dass König Jakob I. Oberhaupt der Kirche war, denn sie waren für die strikte Trennung von Kirche und Staat. Sie sahen sich als von Gott auserwählt und wollten streng nach der Bibel leben – ohne einen weltlichen Herrscher akzeptieren zu müssen. Die Niederlande waren in dieser Hinsicht ideal, dort (genauer gesagt in den sieben freien Provinzen im Norden) gab es keinen König mehr, Arbeit hingegen schon.

Die Spuren, die sie in der *Lakenstad* hinterlassen haben, können auf einem speziellen *Pilgrim*-Spaziergang entdeckt werden, den ich immer wieder gerne mit Besuch aus Deutschland mache, eben weil viele meiner Freunde diesen Teil der Geschichte noch nicht kennen und überrascht sind. Erst recht, wenn ich ihnen erzähle, dass Leiden für viele Amerikaner längst zu einem Zentrum der Ahnenforschung geworden ist. Denn egal, ob Marilyn Monroe, Rockefeller oder Clint Eastwood, Präsidenten wie Barack Obama, George Bush oder Roosevelt: Sie alle stammen von den *Pilgrims* aus Leiden ab, die sich hier vor gut 400 Jahren niedergelassen hatten. Die meisten von ihnen wohnten nur einen Steinwurf von der *Pieterskerk* entfernt, die nach der Ablösung von Spanien zu einer reformierten Kirche geworden war. Wie mit so vielen Flüchtlingskindern dürfte Rembrandt, der bei ihrer Ankunft drei Jahre alt war, auch mit den *Pilgrims*-Kindern auf der Straße gespielt haben.

Eine eigene Kirche hatten sie nicht, deshalb benutzten die *Pilgrims* die *Pieterskerk* für Trauungen, Taufen und Beerdigungen – allerdings notgedrungen und eher widerwillig. Mit der reformierten Kirche der Niederländer hatten viele von ihnen Berührungsängste: Sie war ihnen nicht streng genug. Ihr religiöser Führer Pastor John Robinson pflegte die Orgel der *Pieterskerk,* die er von seinem Haus aus hören konnte (oder besser gesagt: hören musste), deshalb als »Dudelsack des Teufels« zu bezeichnen. »Die *Pilgrims* kamen nach Leiden, um von unserer Freiheit und unserer Toleranz zu profitieren – aber die Freiheiten anderer haben sie eingeschränkt«, sagte mir Kuratorin Jori Zijlmans vom Leidener *Museum De Lakenhal,* wo 2020 eine große Ausstellung über die *Pilgrims* stattfand. »Es zeugt schon von ziemlicher Arroganz, davon überzeugt zu sein, dass man auserwählt ist und im Gegensatz zu allen anderen nicht in ewiger Verdammnis landet.«

Vieles in ihrer neuen Heimat missfiel ihnen. Zum Beispiel, dass die Holländer ihre Kinder herzten und an sich drückten und ihnen vor dem Zubettgehen einen Gutenachtkuss gaben. Am meisten aber empörte es sie, dass die Sonntagsruhe nicht eingehalten wurde. »Im Land der Deiche gab es nicht genug Deiche gegen die Gottlosigkeit«, erinnert sich der spätere Gouverneur der *Plymouth Colony* in Massachusetts, William Bradford, in seinen Memoiren. Das war einer der Hauptgründe, weshalb ein paar von ihnen, die Hardliner, beschlossen, Leiden wieder zu verlassen: Ihr Glaube sollte rein bleiben, und in Leiden, fürchteten sie, würde ihnen das nicht gelingen.

Außerdem war da noch der lange Arm des englischen Königs: Die *Pilgrims* hatten in Leiden ihre eigene Druckerei, in einer Seitengasse beim Rathaus, und konnten es nicht lassen, Pamphlete in Heringsfässern nach England zu schmuggeln. Für Jakob I. war das natürlich eine Provokation, doch sie wähnten sich sicher – bis es Jakob gelang, einige von ihnen verhaften zu lassen. Das war ein weiterer Grund für sie weiterzuziehen.

An einem Sommermorgen im Juli 1620 verließen rund achtzig *Pilgrims* die *Lakenstad* wieder, wie sie gekommen waren, per Schiff. Ein kleines Denkmal vor dem Gemeindearchiv direkt am *Vliet* erinnert daran. Hier zogen sie vorbei Richtung Rotterdam und Nordsee. Das Geld, das sie brauchten, um in Amerika eine eigene Kolonie zu gründen, hatten sie in Holland nicht auftreiben können. Doch in England waren ein paar Kaufleute bereit, ihnen auszuhelfen – allerdings zu Wucherzinsen und unter der Bedingung, dass sie zwanzig weitere Passagiere mit an Bord nahmen. So kam es, dass die *Pilgrims* einen Zwischenstopp an der englischen Küste einlegten und dort auf ein größeres Schiff umstiegen: die *Mayflower*.

Mit im Reisegepäck hatten sie eine Kopie vom *Plakkaat van Verlatinghe*, der Unabhängigkeitserklärung, mit der sich die Niederländer 1581 vom spanischen König losgesagt hatten. Damit wollten sie den sogenannten *Mayflower Compact* aufstellen und ihr Zusammenleben in der neuen Kolonie regeln. Ebenfalls nach niederländischem Vorbild führten sie noch während der Überfahrt die standesamtliche Ehe ein –

notgedrungen, weil sie keinen Pfarrer an Bord hatten. John Robinson war in Leiden geblieben. Er wollte sich um die Zurückgebliebenen kümmern und erst ein paar Jahre später nachkommen. Doch 1625 erkrankte er und starb und wurde so wie 29 andere *Pilgrims* in der *Pieterskerk* begraben, in der Taufkapelle, nicht weit vom teuflischen Dudelsack entfernt.

Die *Mayflower* war Ende November 1620 an der Küste von Massachusetts angekommen. Die Hälfte der Passagiere hatte die Reise nicht überlebt. Es war zu spät, um Vorräte anzulegen, der erste Schnee bereits gefallen. Viele weitere starben. Ein Jahr später feierten die Überlebenden ein Dankfest – auch das nach niederländischem Vorbild: dem Stadtfest *Leidens Ontzet* am 3. Oktober, wenn der Bürgermeister Hering und Weißbrot austeilt. In der Neuen Welt wurden daraus Truthahn – und der amerikanische Thanksgiving Day.

Und was das *Plakkaat van Verlatinghe* betrifft: Das war nicht nur Basis für den *Mayflower Compact.* Gut 150 Jahre später diente es den Amerikanern auch als Inspirationsquelle für ihre eigene Unabhängigkeitserklärung, die *Declaration of Independence.*

Oranje boven! Erst Republik, dann Monarchie

Wilhelm Tell der Niederlande

Der Mann, der die Niederländer 1581 in die Freiheit führte, war Wilhelm von Oranien-Nassau, auch Wilhelm der Schweiger genannt. Der »Vater des Vaterlandes«, weil er eben an der Wiege der niederländischen Nation stand. Er gilt als niederländischer Wilhelm Tell, denn er sorgte dafür, dass sich die sieben nördlichen Provinzen in aller Form von der spanischen Krone lossagten – eine beispiellose Ungeheuerlichkeit, schließlich galten Könige damals noch als unantastbar und von Gott eingesetzt.

Willem van Oranje ist ein direkter Vorfahre des jetzigen Königs Willem Alexander und wurde 1533 auf Schloss Dillenburg in der Grafschaft Nassau geboren, im heutigen Dreiländereck von Hessen, Rheinland-Pfalz und Nordrhein-Westfalen. Seine Muttersprache war Deutsch. Deshalb ist in der niederländischen Nationalhymne, dem nach ihm benannten *Wilhelmus,* auch von deutschem Blut die Rede – *van Duitsen bloed*. Ein deutscher Graf also, der sich mit elf Jahren

Prinz nennen durfte, denn da erbte er von einem kinderlos gebliebenen Vetter das Prinzentum Orange in Südfrankreich. Orange wie Oranje.

Aufgewachsen war Willem in Brüssel: Kein Geringerer als Kaiser Karl V. hatte ihn unter seine Fittiche genommen und wie einen Sohn großgezogen. Der junge Willem wohnte auf dem Brüsseler Kunstberg im kaiserlichen Palast, dem größten von ganz Europa. Schließlich herrschte Karl V., wie er selbst gesagt haben soll, über ein Reich, in dem die Sonne nicht unterging.

Wie hätte der Kaiser ahnen sollen, dass sich nach seiner Abdankung ausgerechnet sein junger Schützling als Rebell erweisen und den Aufstand gegen das spanische Joch wagen sollte! Dabei hatte Karls Sohn und Nachfolger Philipp II. ihn 1559 noch zum Statthalter in Holland, Zeeland und Utrecht ernannt – mit anderen Worten: Willem war dort der Stellvertreter des spanischen Königs und sollte dessen Interessen wahren. Doch Philipp II. drehte die Daumenschrauben zu sehr an. Der Erzkatholik aus Madrid machte sich im Norden unbeliebt, weil er die Macht und den Einfluss des dortigen Adels immer weiter beschnitt und obendrein dauernd die Steuern erhöhen ließ. So überspannte er den Bogen. Außerdem mehrte sich die Zahl der überzeugten Protestanten, die mit dem Katholizismus nichts mehr am Hut haben wollten – unter ihnen seit 1560 auch Anhänger der Lehre Calvins, die es als ihr gutes Recht betrachteten, einen Herrscher abzuschütteln, wenn er ihren Glauben nicht duldete.

1568 war für die Menschen in den sieben nördlichen Provinzen das Maß voll, der Unabhängigkeitskrieg begann. Und mit ihm die Flüchtlingswelle: Hunderttausende aus den übrigen zehn Provinzen im katholischen Süden flüchteten in den freien Norden und versuchten, sich in Städten wie Amsterdam, Haarlem oder Leiden eine neue Existenz aufzubauen. Kaufleute und Bankiers, Intellektuelle und Gelehrte, aber auch Maler wie Frans Hals, Pieter Claesz oder Roelant Savery: Sie bescherten den nördlichen Niederlanden ihr legendäres Goldenes Zeitalter. Die Schiffe der Vereinigten Ostindischen und der Westindischen Handelskompanie, der VOC und der WIC, eroberten die Weltmeere und sorgten für unermesslichen Reichtum. Mit dem Handel erblühten auch Künste und Wissenschaften: Antoni van Leeuwenhoek baute seine ersten Mikroskope, Christiaan Huygens verbesserte das Teleskop und machte wichtige astronomische Entdeckungen, und Rembrandt malte seine »Nachtwache«. All das passierte paradoxerweise während des Unabhängigkeitskriegs. Achtzig Jahre sollte er dauern und in seiner letzten Phase mit dem Dreißigjährigen Krieg zusammenfallen. Doch als der Friedensvertrag 1648 in Münster endlich unterzeichnet wurde, waren die sieben nördlichen Provinzen frei und wurden offiziell als unabhängige Republik anerkannt. Der Süden, das heutige Belgien, blieb katholisch.

Meinungs- und Glaubensfreiheit werden in den Niederlanden deshalb bis heute großgeschrieben. Schon der in Amsterdam geborene Philosoph Baruch de Spinoza wusste: »Uns ist das seltene Glück zuteilgeworden, in einem Staat zu leben, in dem einem jeden die unbeschränkte Freiheit zugestanden wird, zu urteilen und Gott zu verehren, wie es ihm gutdünkt.« Die junge Republik wurde zum Zufluchtsort für Andersdenkende und Andersgläubige aus ganz Europa. Der Philosoph Voltaire war viermal in Holland – einmal, weil er in Frankreich wegen eines von ihm veröffentlichten Buches verfolgt wurde, ein anderes Mal, um ohne Angst vor Verfolgung ein weiteres Buch schreiben und herausbringen zu können. Auch für ihn war Meinungsfreiheit einer der wichtigsten Werte überhaupt; ein berühmter Spruch, der ihm zugeschrieben wird, lautet frei übersetzt: »Ich verabscheue, was Sie sagen – aber ich würde mein Leben dafür geben, dass Sie es sagen dürfen.«

Gottesfurcht hinterm Deich

Aufgrund der Glaubens- und Religionsfreiheit darf sich in den Niederlanden eine Gruppe von rund 400 000 orthodoxen Calvinisten bis heute Sonderrechte herausnehmen. Sie leben im Bibelgürtel, dem *bijbelbelt,* der sich von Zeeland im Südwesten bis zum IJsselmeer im Norden erstreckt. Diese sogenannten Schwarzstrümpfler müssen sich weder versichern noch ihre Kinder impfen. Krankheiten, Unfälle und Naturkatastrophen sehen sie als Strafe Gottes, der dafür schon seinen guten Grund haben wird. Deshalb brechen im Bibelgürtel immer wieder Epidemien aus wie Masern oder Kinderlähmung.

Selbstbewusste Bürger

Willem van Oranje hat das Happy End 1648 nicht mehr miterleben können: Bereits 1584 wurde er mit 51 Jahren in seiner Residenz in Delft, dem *Prinsenhof,* von einem fundamentalistischen Katholiken erschossen, als er nach dem Mittagessen die Treppe herunterkam. Die Einschläge in der Wand sind noch heute zu sehen. Das Attentat war für die Aufständischen ein schwerer Schlag. Willems Mörder wurde bei lebendigem Leibe gevierteilt. Aber die Rebellen merkten schnell: Es ging auch ohne ihren charismatischen Anführer. Es ging sogar ohne König! In Europa waren damals die Schweizer und die Venezianer die Einzigen, die sich nicht von einem Fürsten regieren ließen. Der Rest des Kontinents war fest im Griff des Absolutismus. Und nun hatte es dieses kleine, aufmüpfige Volk im Rhein-Maas-Delta gewagt, auszuscheren und zur Republik zu blasen! Es hat ein bisschen was von Asterix und Obelix: Ganz Europa ist vom Adel besetzt. Ganz Europa? Nein!

Jetzt versteht ihr sicherlich, warum die Niederländer so wenig Respekt vor Autoritäten haben und ihnen Obrigkeitsdenken ziemlich fremd ist: Beides ist ihnen bereits um 1600 abhandengekommen, als sie dem spanischen König zeigten, was eine Harke ist! Und ihr könnt vielleicht auch nachvollziehen, weshalb die Niederländer so direkt und informell sind, so frank und frei, um nicht zu sagen: unhöflich, ohne Umgangsformen und Etikette. Der Adel hatte hinter den Deichen ja vorläufig nicht mehr viel zu melden. Die Nachfahren von Willem von Oranien durften zwar nach wie vor Statthalter spielen, obwohl es keinen König mehr gab, dessen Interessen sie hätten vertreten können. Sie wurden nun mit außenpolitischen Fragen und der Leitung des Heeres betraut. Eine höfische Kultur wie in den Nachbarländern mit Zeremoniell und Etikette konnte sich allerdings nicht mehr groß entwickeln – stattdessen entstand ein Bürgertum, das sich nicht gerne bevormunden ließ, mit Hierarchien nichts am Hut hatte und vor Selbstbewusstsein nur so strotzte.

Daran hat sich bis heute nicht viel geändert. Ein schönes Beispiel dafür ist, wie die ehemalige Königin Beatrix bei ihrer Abdankung 2013 von ihren Untertanen auf dem Domplatz in Utrecht gefeiert wurde: *»Bea, bedankt, Bea, bedankt!«*, wurde ihr tausendfach zugerufen. Bea – als ginge es um die patente Nachbarin von nebenan. Es war ehrlich gemeint, es war herzerwärmend. Aber ich denke nicht, dass Könige oder Präsidenten (die ja oft eine Art Königsersatz sind) in anderen Ländern so angesprochen werden. Oder könnt ihr euch vorstellen, dass wir unserem Bundespräsidenten Frank-Walter

Steinmeier »danke, Frankie« zurufen? Oder die Franzosen ihrem Präsidenten Macron »merci, Manu«?

Die Niederländer hingegen hatten sich schon vor 400 Jahren auf eine Ebene gestellt mit den Königen Europas. Während sich der Sonnenkönig bei Paris sein Versailles bauen ließ, wurde in Amsterdam auf dem *Dam* das Rathaus errichtet, das *Stadhuis* – ein Entwurf von Architekt Jacob van Campen. Bei seiner Vollendung 1665 galt es als achtes Weltwunder, denn es steht auf fast 14 000 Pfählen. Es war das größte Gebäude in den Niederlanden des 17. Jahrhunderts und weder für geistliche noch für adlige Herrscher gebaut, sondern für die stolzen Bürger, als Symbol ihrer Macht und Unabhängigkeit. Mit diesem Bau zeigten sie Ludwig XIV. und allen anderen absoluten Fürsten rundherum sozusagen den Mittelfinger.

Doe gewoon!

»Doe gewoon, dan doe je al gek genoeg«, lautet ein wichtiges Lebensmotto in der egalitären niederländischen Gesellschaft, »benimm dich normal, das ist schon verrückt genug«. Oder, ebenfalls sehr beliebt: »Streck den Kopf nicht zu weit aus dem Kornfeld, sonst wird er abgemäht.« Das sorgt für erfrischende Normalität; wer glaubt, etwas Besseres zu sein, wird umgehend eines Besseren belehrt. Daher auch das weitverbreitete Duzen. Den Chef raushängen zu lassen ist in den Niederlanden verpönt, ein Vorgesetzter kann nicht einfach eine Entscheidung fällen, sondern muss dazu erst mit seinen Mitarbeitern diskutieren – bis sich eine Mehrheit auf einen Kompromiss einigen konnte, mit dem alle leben können. *Poldern* heißt diese oft sehr ermüdende Suche nach einem Konsens, die auch in der Politik üblich ist.

Republik, ade!

Das prachtvolle *Stadhuis* sollte nur knappe 150 Jahre als Rathaus genutzt werden – und dann war es auch mit der Republik wieder vorbei: Es begann Ende des 18. Jahrhunderts, als das französische Revolutionsheer die Niederlande besetzte. 1806 kam dann Napoleon und machte seinen Bruder Louis zum »König von Holland«. Der verlegte den Regierungssitz von Den Haag nach Amsterdam und funktionierte das *Stadhuis* zum königlichen Palast um. 1814, als Europa nach dem Sturz Napoleons auf dem Wiener Kongress neu geordnet wurde, hieß es hinter den Deichen endgültig: Republik, ade! Die Niederlande bekamen wieder einen König: Wilhelm I., ein Oranier, der 1795 mit seinem Vater, dem letzten Statthalter, vor den Franzosen ins Exil nach London geflüchtet war. Er herrschte zunächst über ein vereintes Königreich: Die sieben calvinistischen Provinzen im Norden wurden wieder mit den zehn katholischen im Süden zusammengefügt. Doch das war nur von kurzer Dauer: 1830 brach das Reich von Willem I. auseinander. Diesmal waren es die Menschen im Süden, die mit Erfolg den Aufstand probten: Am 21. Juli 1831 entstand das Königreich Belgien.

Willem I. musste sich damit abfinden, gut die Hälfte seines Reiches verloren zu haben; sein Sohn und Nachfolger Willem II. damit, dass die Niederlande 1848 eine konstitutionelle Monarchie mit einem gewählten Parlament wurden. Das befindet sich bis heute in Den Haag, denn den Regierungssitz hatte bereits Willem I. von Amsterdam wieder dorthin zurückverlegt. Das königliche *Paleis op het Dam* allerdings behielt er, die Amsterdamer haben ihr einstiges Rathaus nie zurückbekommen. So kommt es, dass Willem Alexander und seine Máxima noch heute dort übernachten, wenn sie in der Stadt sind. Die Straßenbahn

Nr. 14 wird dann umgeleitet, um den königlichen Schlaf nicht zu stören.

Oranje-Fieber

Als Königreich sind die Niederlande mit etwas mehr als 200 Jahren also vergleichsweise jung. Aber die niederländischen Monarchen haben einen Trumpf, mit dem die anderen gekrönten Häupter Europas nicht aufwarten können. Nicht umsonst setzte sich die ehemalige Königin Beatrix für die Bekanntmachung ihrer Abdankung ganz demonstrativ vor ein Porträt von Willem van Oranje, es hing links über ihr an der Wand. »Seht her«, wollte sie damit sagen, »von mir führt eine direkte Linie zurück ins 16. Jahrhundert zum Vater des Vaterlandes.« Das ist einzigartig, da kann kein anderes europäisches Königshaus mithalten: Das Geschlecht Oranien-Nassau ist sehr viel älter als die niederländische Monarchie. Und mit ihm fühlen sich die Niederländer auch sehr viel stärker verbunden als mit ihrer Monarchie, denn ihm haben sie ihre Freiheit zu verdanken. Orangisten, wie die Anhänger der Oranien-Nassauer heißen, gab es bereits im 16. Jahrhundert, lange bevor ein Thron da war, den die Oranjes hätten besteigen können.

Von diesem besonderen Status des Hauses Oranien zeugt auch der orangefarbene Wimpel, der traditionell über der rot-weiß-blauen Nationalflagge weht: *Oranje boven* – Oranje oben.

Jetzt sollte auch klar sein, warum diese Farbe für die Niederländer so identitätsstiftend ist. Über Oranje definieren sie sich: Oranje, das sind wir – wir sind oranje! Egal, ob beim Hockey, Eisschnelllauf oder Fußball – auf den Tribünen ist sofort zu erkennen, wo die Niederländer sitzen. Und wenn

Oranje gewinnt, dann wird gesungen: *Oranje boven!* Denn dann können die Niederländer dem Rest der Welt mal wieder beweisen, worin eine kleine Nation ganz groß sein kann.

Bei Fußballwelt- oder -europameisterschaften bricht schon Wochen im Voraus das Oranje-Fieber aus. Auf dem Höhepunkt der Fieberkurve plätschert orangefarbenes Wasser in den Springbrunnen, Schafe haben orangefarbene Tupfer bekommen, und ganze Häuserfassaden wurden *oranje* angestrichen. In den Regalen der Warenhäuser türmen sich Hüte, Hupen und Rasseln, Schals und Fähnchen – alles orange. Es gibt orangefarbenen Sekt, Pudding, Kekse, Haarspray und falsche Wimpern. Der Schlachtruf *Aanvallen!* (Angreifen!) prangt überall – nicht nur auf Spruchbändern und T-Shirts, auch unterhalb der Gürtellinie auf orangefarbenen Unterhosen und Kondomen. Blumenläden halten orangefarbene Chrysanthemen, Pantoffelblumen und Korallenmoos feil. Auch Tierhandlungen sind nicht dagegen gefeit: Es wurden schon Goldfische zum besonders günstigen Mannschaftspreis angeboten. Oder das Oranje-Wellensittich-Pärchen für 39,99 Euro, mit dem man seine eigene Oranje-Elf züchten kann. Mein Tierhändler versucht immer wieder, mich für den dreiteiligen Oranje-Anzug für Hunde zu erwärmen, obwohl ich ihm jedes Mal umgehend versichere, dass ich meinen Labradordamen das nie antun würde.

Soziologen zufolge stärkt das Oranje-Fieber nicht nur das Zusammengehörigkeitsgefühl, sondern nimmt in Zeiten der Globalisierung auch Ängste, deshalb konnte es in den letzten zwanzig Jahren immer wieder so heftig grassieren. Bloß ärgerlich, wenn die Fieberkurve plötzlich abrupt auf null sinkt, weil die Oranje-Elf vorzeitig ausgeschieden ist. So wie bei der Fußballeuropameisterschaft 2021. Oder noch schlimmer, wenn sie sich gar nicht erst qualifiziert hat, so wie bei der Weltmeisterschaft 2018. Zum Glück haben die Niederländer für solche Fälle noch ihren Königstag, den *Koningsdag:* Er sorgt dafür, dass das Oranje-Fieber mindestens einmal im Jahr garantiert ausbrechen und ungehemmt um sich greifen kann.

Moderne Monarchen

Der *Koningsdag* wird am Geburtstag von König Willem Alexander gefeiert, am 27. April. Vor ihm hieß dieser Tag mehr als hundert Jahre lang *Koninginnedag,* Königinnentag, denn von 1890 bis 2013 saßen in den Niederlanden Frauen auf dem Thron: Willems Ururgroßmutter Emma, seine Urgroßmutter Wilhelmina, Großmutter Juliana und Mutter Beatrix. Die hat am 31. Januar Geburtstag, und weil es sich da in der Regel nicht so gut feiern lässt, jedenfalls nicht draußen, ließ sie den *Koninginnedag* da, wo er war: am 30. April, dem Geburtstag ihrer Vorgängerin. Der Geburtstag ihres ältesten Sohnes war da in meteorologischer Hinsicht akzeptabler, und deshalb lassen die Niederländer ihr Königshaus seit 2013 schon drei Tage früher, am 27. April, hochleben – mit vielen Jahrmärkten und noch mehr Musik und Tanz. Im Grunde genommen feiern die Niederländer an diesem Tag sich selbst.

Am Abend zuvor findet in Den Haag die *Koningsnacht* statt, um richtig in Stimmung zu kommen. Und gleich am nächsten Morgen ist überall im Land *vrijmarkt,* Freimarkt:

Dann kann jeder seinen Keller oder Speicher entrümpeln und versuchen, daran auch noch zu verdienen. Hier lernen schon die Kleinsten der Kleinen dieser alten Handelsnation knallhartes Feilschen. Ich weiß noch, wie Daphne, die Tochter meines Ex-Partners, bereits mit acht ein paar Playstation-Spiele gekonnt versilberte und mir am Abend stolz den Inhalt ihres prall gefüllten Kinderportemonnaies präsentierte. Früh übt sich. Und selbstverständlich ist alles, auch die Niederländer selbst, am *Koningsdag* orangefarben geschmückt. Mindestens ein Oranje-Teil muss jeder, der was auf sich hält, dafür im Schrank haben.

Die königliche Familie beehrt an diesem Tag jedes Jahr eine andere auserwählte Gemeinde mit ihrem Besuch und geht dort auf Tuchfühlung mit dem Volk. Sie lässt so gut wie alles mit sich anstellen und macht gute Miene zum bösen Spiel. So kann sie Sympathiepunkte sammeln und vieles, was sie im Laufe des Jahres vermasselt hat, wiedergutmachen – auch wenn sie dafür beim Sackhüpfen oder im Kloschüsselwerfen antreten muss. Bei Letzterem gewann 2012 übrigens Willem Alexander gegen seine Brüder und Cousins in Rhenen bei Utrecht: Er warf die (selbstverständlich orangefarbene) Schüssel am weitesten.

Alles wird live im Fernsehen übertragen. Wobei die Zuschauerinnen jedes Jahr eines mehr als alles andere interessiert: Was wird Máxima dieses Mal wohl tragen? Längst ist die schöne Argentinierin zur Modequeen geworden. Der Blazer, den der Amsterdamer Couturier Jan Taminiau 2009 aus einem alten Postsack für sie schneiderte, ist längst ein Klassiker. Und noch heute schwärmen meine niederländischen Freundinnen von dem Traum aus königsblauer Spitze (ebenfalls von Taminiau), in dem Máxima an der Seite ihres Mannes bei der Inthronisation 2013 in der *Nieuwe Kerk* in Amsterdam erschien. Ich muss sagen, auch mir stockte der Atem.

Máxima ist seit Jahren mit Abstand das beliebteste Mitglied der königlichen Familie. Ich konnte sie sogar mal aus nächster Nähe erleben. Da war sie noch Prinzessin und ich Vorsitzende der Auslandspressevereinigung in den Niederlanden, der *Foreign Press Association*. Wir suchten Ehrengäste für unser 85-jähriges Jubiläum – warum nicht den Kronprinzen samt Prinzessin? Wie heißt es doch so schön in meiner Wahlheimat? *Nooit geschoten is altijd mis* – nie geschossen ist immer daneben. Mit anderen Worten: Man sollte es immer zumindest einmal versucht haben. Und siehe da – uns gelang ein Volltreffer. Es kostete zwar einiges an Vorbereitungszeit, aber es lohnte sich. Ich wurde für einen reibungslosen Ablauf des Abends sogar in den königlichen Arbeitspalast *Noordeinde* nach Den Haag zitiert. Willem Alexander und Máxima würden sich mit mir und den anderen fünf Vorstandsmitgliedern zunächst eine halbe Stunde in aller Ruhe an einen Tisch setzen und reden, dann komme der offizielle Teil mit ein paar (kurzen) Reden, und anschließend werde das Paar von Stehtisch zu Stehtisch gehen und sich jeweils 15 Minuten mit kleinen Gruppen von Auslandskorrespondenten unterhalten, die dort erwartungsvoll stünden. An mir war die Aufgabe, auf die Zeit zu achten und dafür zu sorgen, dass sich die beiden zum nächsten Tisch begaben. »Auf gar keinen Fall anfassen!«, wurde mir eingebläut, und beide immer nur mit »Majestät« anzusprechen, niemals mit dem Vornamen, auf gar keinen Fall – *onder geen beding.* »Aber«, so fragte ich zurück, »was, wenn ich nur Máxima meine und nicht Willem Alexander?« Tja, das wusste niemand, die Antwort blieb man mir schuldig. Eine Alternative gebe es nicht, das werde sich schon ergeben. *Komt goed!*

Nun ja. Es ergab sich nicht. Natürlich vergaß ich, als es darauf ankam, alles, was mir eingetrichtert worden war, rief: »Máxima, wir müssen weiter!«, fasste sie bei einem der Tischwechsel sogar am Oberarm. Aber sie fand es überhaupt nicht schlimm, es war eine tolle Veranstaltung – und ich nicht die Einzige, die hingerissen war von ihrem Charme und ihrer Natürlichkeit.

Meine Freundin Ina wollte hinterher natürlich sämtliche Details wissen und auch alle Fotos sehen, wirklich alle. Sie kriegte sich gar nicht mehr ein (»Was, du mit Máxima ins Gespräch vertieft?!« und »Was, du direkt neben unserem Thronfolger?!«). Ina ist schon seit Jahren ein überzeugtes Mitglied des Máxima-Fanclubs: »Diese Frau ist das Beste, was Willem Alexander und unserem Königshaus passieren konnte!« Mit dieser Auffassung steht sie nicht alleine da. Aber auch Ina hatte zunächst Bedenken, ganz am Anfang, als bekannt wurde, dass der Kronprinz mal wieder ein *burgermeisje* aufgegabelt hatte, eine Bürgerliche, diesmal aus dem fernen Argentinien. 1999 waren sie sich auf einer Jetsetparty in Sevilla erstmals über den Weg gelaufen. »Als WIR jung waren, radelten wir für eine Fete in die nächste Stadt. Diese Leute fliegen dafür mal kurz über den Atlantik«, schnaubte Ina. Das fing ja gut an!

In einem Video machten die Niederländer erstmals mit Máxima Bekanntschaft: Was sie sahen, war ein temperamentvolles Partygirl, das ausgelassen Samba tanzte, alle Männer um den Finger wickelte und verführerisch in die Kamera zwinkerte. Strenggläubige Calvinisten runzelten besorgt die Stirn. Doch dann stellte sich heraus, dass Máxima nicht nur Flausen im Kopf hatte, sondern ein abgeschlossenes Wirtschaftsstudium in der Tasche und einen verantwortungsvollen Job bei der Deutschen Bank in New York. Das änderte einiges. Die ebenso flotte wie intelligente Máxima, so begannen viele Niederländer zu hoffen, würde mit Sicherheit Schwung in die leicht verstaubte Hofhaltung ihrer Bald-Schwiegermutter Beatrix bringen. Als zukünftige Königin hatte sie zwar ihr Temperament etwas zu zügeln und dezenter in der Öffentlichkeit zu erscheinen, aber das ließ sich ja lernen.

Die Begeisterung flaute allerdings schnell wieder ab, als ein Schönheitsfehler entdeckt wurde, der sich nicht so leicht korrigieren lassen würde: der Vater der Braut, Jorge Zorreguieta. Der war zweimal Staatssekretär und dann Landwirtschaftsminister während der argentinischen Militärjunta unter General Videla gewesen – also in einer Zeit, als Zehntausende Argentinier gefoltert und ermordet worden waren. Selbst mochte er kein Blut an den Händen haben, aber dass er von den Gräueltaten des Videla-Regimes nichts gewusst haben wollte, nahmen ihm viele Niederländer nicht ab. »Der Mann war Teil eines Regimes, das nichts taugte, und damit taugt auch er selbst nichts«, urteilte der damalige Finanzminister Gerrit Zalm. Konnte ein solcher Mann der Schwiegervater des zukünftigen Königs der Niederlande werden? Musste Willem Alexander in diesem Falle nicht wählen zwischen Liebe und Thron? Um heiraten zu können, brauchte er als Kronprinz den Segen des Parlaments, doch würde eine Mehrheit der Abgeordneten unter diesen Umständen einer Ehe mit Máxima überhaupt zustimmen?

Hinter den Kulissen arbeitete der damalige Premierminister Wim Kok fieberhaft an einem Kompromiss und schickte seinen besten Diplomaten nach Buenos Aires. Es dauerte zwar etwas, aber dann versicherte Jorge Zorreguieta schwarz auf weiß, dass er der Hochzeit seiner Tochter fernbleiben würde. Auch Máxima sei bereit, »dieses persönliche Opfer« zu bringen, erklärte Beatrix, als sie am 30. März 2001 die Verlobung der beiden bekannt machte. Und damit nicht genug: Voller Erstaunen vernahm die andächtig vor den Fernsehschirmen lauschende Nation, wie sich Máxima vom Videla-Regime distanzierte. »Es tut mir leid, dass mein Vater in einem falschen Regime für die Landwirtschaft sein Bestes gegeben hat«, sagte sie mit fester Stimme und in tadellosem *Nederlands.* Die Niederländer waren hingerissen. Als das junge Paar sich dann auch noch Händchen haltend und tief in die Augen blickend gegenseitig seine Liebe bezeugte, wurden reihenweise die Taschentücher gezückt. »Ich bin so glücklich, dass ich Alexander gefunden habe«, sagte Máxima. »Er bringt das Beste in mir zum Vorschein. Was uns verbindet, ist etwas ganz Besonderes!«

Und so fand am 2.2.2002 in der *Nieuwe Kerk* in Amsterdam eine Märchenhochzeit statt, die von Millionen von Fernsehzuschauern in aller Welt mitverfolgt wurde und bei der mit Sicherheit auch Millionen von Tränen geflossen sein dürften. Unvergessen die Balkonszene, als sich die Frischvermählten den lang ersehnten Kuss gaben – den wohl längsten, innigsten und authentischsten in der Geschichte königlicher Hochzeiten. Der ergreifendste Moment aber hatte für viele zuvor in der Kirche stattgefunden, als Tangomusik erklang und auch die Braut die Tränen nicht zurückhalten konnte. »Adios, Nonino« (Adieu, Väterchen) hieß das Lied, das Máxima an den fehlenden Vater erinnerte.

Ebenfalls in die nationale Netzhaut eingebrannt hat sich der Thronwechsel rund zehn Jahre später: Vielen stockte der Atem, und auch ich bekam eine Gänsehaut, als Willem Alexander am 30. April 2013 in der *Nieuwe Kerk* erschien – dieses Mal nicht als Bräutigam, sondern als neuer König der Niederlande, über den Schultern den roten Königsmantel mit Hermelinrand, an seiner Seite eine Máxima, die in einen ebenfalls bodenlangen königsblauen Mantel gehüllt war, darunter besagte Robe aus königsblauer Spitze. Es hatte etwas Archaisches. Als ob uns eine Zeitmaschine Jahrhunderte zurückkatapultiert hätte – direkt zu jenem Mann, mit dem um 1600 alles angefangen hatte: Willem van Oranje, dem Vater des Vaterlandes.

Sein Nachfahre Willem Alexander hat als Staatsoberhaupt nur noch rein zeremonielle und repräsentative Funktionen.

So wie die restlichen sechs Monarchien, die sich in Europa halten konnten, wurde auch die niederländische in ihrer Macht beschnitten – als letzte nach Dänemark, Schweden und Norwegen, Belgien, Spanien und Großbritannien. Denn bis 2012 hatten niederländische Monarchen immerhin bei der Kabinettsbildung noch eine wichtige Rolle: Sie ernannten die sogenannten *Informateure* und *Formateure,* die nach geeigneten Koalitionspartnern suchen. In den Niederlanden verlaufen Koalitionsverhandlungen in der Regel schwierig. Die Parteienlandschaft ist zersplittert; für eine stabile Regierungsmehrheit braucht es fast immer mehr als zwei Parteien, manchmal sogar vier.

Politisches Vielstromland

Die Niederländer kennen ein reines Verhältniswahlrecht, 0,67 Prozent der Stimmen reichen für einen der 150 Parlamentssitze. Auch gibt es keinerlei Sperrklausel, die Fünfprozenthürde gilt als undemokratisch, jede gesellschaftliche Strömung soll im Parlament vertreten sein können. Folge ist ein Vielparteiensystem, in dem es schon lange keine großen Parteien mehr gibt, sondern allerhöchstens mittelgroße. Nach den Wahlen im März 2021 – und das ist ein Nachkriegsrekord – zogen 17 Parteien ins Abgeordnetenhaus ein. Ebenfalls ein neuer Rekord: die Dauer der Koalitionsverhandlungen. Erst im Januar 2022 konnte der rechtsliberale Ministerpräsident Mark Rutte sein viertes Kabinett präsentieren – wie gehabt eine Vierparteienkoalition aus Rechtsliberalen, Christdemokraten, der streng calvinistischen ChristenUnie und den progressiven D66-Demokraten, die allerdings im Juli 2023 am Streit über eine Verschärfung der Asylpolitik auseinandergebrochen ist.

Aber die Rolle des Monarchen als Wächter über diesen langwierigen Prozess war vor allem den linken Oppositionsparteien ein Dorn im Auge, und so sprach sich schließlich eine Mehrheit der Abgeordneten dafür aus, dem Monarchen diese Funktion zu nehmen. Beatrix übte sie 2012 zum letzten Mal aus.

Überflüssig geworden ist das Königshaus Experten zufolge dennoch nicht. Erstens bleibt Beatrix' Nachfolgern das Recht, Einfluss zu nehmen: Laut Grundgesetz darf der Monarch »warnen, ermutigen und beraten«. Zweitens ist er ein nicht zu unterschätzender Wirtschaftsfaktor bei Auslandsreisen, da die Delegation an Firmenbossen, die der König immer im Gefolge hat, mit ihm und vor allem mit Máxima als Visitenkarte jenseits der Grenzen sehr viel leichter Geschäfte machen kann. Drittens ist der König als Nationalsymbol ein wichtiges verbindendes Element: »In polarisierenden Zeiten wie diesen kann man das gut brauchen«, erklärte mir die auch in Deutschland bekannte Historikerin und Adelsexpertin Reinildis van Ditzhuyzen. »Ein König steht über den Parteien und dem Volk, er ist für alle da. Ein Präsident hingegen gehört einer Partei an.«

Im Gegensatz zu einem Präsidenten kann ein König zudem unser Bedürfnis nach Märchen und Magie stillen. Und obendrein – ebenfalls eine ganz wichtige Funktion – nach Katastrophen wie Flugzeugabstürzen oder Überschwemmungen als Tröster auftreten. Willem Alexander und Máxima scheuten sich zum Beispiel nicht, nach der verheerenden Flut im Dreiländereck Deutschland, Belgien und Niederlande im Juli 2021 die Gummistiefel anzuziehen und – sichtlich betroffen – den Opfern vor Ort Mut zuzusprechen. Máxima kämpfte sogar mit den Tränen. König und Königin als nationale Vater- oder Mutterfigur, als Felsen in der Brandung, die für Kontinuität und Stabilität sorgen.

Natürlich gibt es auch in den Niederlanden einen kleinen, aber harten Kern an Republikanern, der das Königshaus abschaffen will und für reine Geldverschwendung hält. Aber die Oranjes sitzen relativ fest im Sattel, beim Thronwechsel 2013 standen 75 Prozent der Niederländer hinter ihrem Königshaus. Und die Nachfolge war schon damals gesichert: Willem Alexander und Máxima hatten zu diesem Zeitpunkt bereits drei Töchter: Thronfolgerin Amalia (2003), Alexia (2005) und Nesthäkchen Ariane (2007). Und die haben ihren Eltern regelmäßig bescheinigt, ihren Job gut zu machen: Trotz Stress und vieler Reisen sei Mama oft zu Hause, betonte Alexia am *Koningsdag* 2020. »Wir können viel gemeinsam unternehmen.« An Energie fehle es ihrer Mutter sowieso nie.

Darüber staunen auch die Untertanen. Denn Máxima wäre nicht Máxima, wenn sie es dabei belassen würde, nur Mutter und strahlendes Aushängeschild an der Seite ihres Mannes zu sein: Seit 2009 ist die gelernte Bankerin UN-Sonderbotschafterin für finanzielle Inklusion und Entwicklung – ein Fulltime-Job. Unermüdlich reist sie durch die Welt und verhandelt mit Staatschefs auf Augenhöhe, um armen Menschen den Zugang zu Finanzdienstleistungen zu ermöglichen. Dabei überzeugt, beeindruckt und begeistert sie immer wieder nicht nur mit ihrem Fachwissen und ihrer Kompetenz, sondern auch mit ihrer Natürlichkeit und ihrem Charme.

Die Teilzeitfeministinnen

Die emanzipierte Máxima ist eine Vorzeigefrau – aber eine Ausnahme. Zwar gelten die Niederländerinnen als frech und selbstbewusst, doch anders als ihr Ruf sind sie sehr traditionell. Das Geld verdient hinterm Deich immer noch der Mann. Nirgendwo sonst in Europa arbeiten die Frauen so wenig wie in den Niederlanden. Und nirgendwo sonst ist die Diskrepanz zwischen den Arbeitsstunden von Männern und Frauen größer als hier. Von wegen emanzipiert! Schuld daran ist die hohe Teilzeitarbeitsquote, darin sind die Niederländerinnen Weltmeisterinnen. Drei von vier Frauen arbeiten in Teilzeit. In Deutschland ist es nur jede zweite Frau. Dem niederländischen Statistikamt CBS zufolge haben von den hoch ausgebildeten Frauen unter vierzig nur knapp vierzig Prozent eine Vollzeitstelle, der EU-Durchschnitt liegt bei achtzig Prozent. Und das, obwohl die niederländischen Frauen inzwischen besser ausgebildet sind als die Männer! Die brauchen nicht viel zu können, um sich im Job gegen die Frauen zu behaupten. Sie müssen bloß *fulltime* arbeiten – und schon fällt die Hälfte der Konkurrenz weg. Folge: Frauen in Führungspositionen sind die Ausnahme. Aber das scheinen die Niederländerinnen auch gar nicht anzustreben: Viele junge Frauen entscheiden sich gleich nach der Ausbildung für einen Teilzeitjob – noch bevor sie Partner oder Kinder haben.

Doch in den letzten Jahren hat sogar Máxima etwas von ihrem Glanz verloren. Sie und ihr Mann sind heftig in die Kritik geraten: Mitten in der Coronapandemie im Oktober 2020, nachdem die Regierung den eindringlichen Appell an alle Bürger gerichtet hatte, in den Herbstferien bitte zu

Hause zu bleiben, flog die Königsfamilie mit einer Regierungsmaschine in ihr Ferienhaus auf dem Peloponnes. Um nur wenige Stunden später zurückzukehren und zerknirscht um Entschuldigung zu bitten, weil daheim ein Sturm der Entrüstung losgebrochen war.

Kopfschütteln rief auch das Jetsetleben des Königspaars hervor: Musste es sich mitten in einer Krise, in der viele Menschen um ihre Existenz bangen, unbedingt ein Luxus-Speed-Boot für zwei Millionen Euro anschaffen? Was viele ebenfalls für übertrieben halten: Thronfolgerin Amalia stehen seit Vollendung ihres 18. Lebensjahrs im Dezember 2021 1,6 Millionen Euro pro Jahr zur Verfügung – steuerfrei.

Die Beliebtheitswerte der Oranjes erreichten 2021 also einen Tiefpunkt, und sie haben nun alle Hände voll zu tun, um ihr Image aufzupolieren. Amalia, die 2021 ihr Abitur machte, ist bereits in die Charme-Gegenoffensive gegangen und hat ihren Kritikern einiges an Wind aus den Segeln genommen: Auf ihre 1,6 Millionen Euro will sie verzichten, bis sie ihr Studium abgeschlossen hat und stärker in ihrer Funktion als Kronprinzessin auftreten kann. »Solange ich dafür so wenig Gegenleistung erbringen kann, fühle ich mich dabei unwohl«, teilte sie Ministerpräsident Mark Rutte in einem handgeschriebenen Brief mit. »Andere Studenten haben es so sehr viel schwerer – erst recht in unsicheren Coronazeiten wie diesen.«

Da war die Nation erst mal baff, so etwas hatte es noch nie gegeben. Auf diese Königin darf man gespannt sein!

Den Haag: Küsten-, Kunst- und Königsstadt

Die Stadt der vielen Gesichter

Willem Alexander und Máxima wohnen mit ihren Töchtern auf *Huis ten Bosch,* der traditionellen Residenz der niederländischen Königinnen und Könige. Prinz Frederik Hendrik, Statthalter und Sohn von Willem van Oranje, hatte sich das Schloss im 17. Jahrhundert als Sommerfrische bauen lassen. Wer sich Den Haag von Leiden und Amsterdam aus nähert, müsste den imposanten Palast eigentlich links auftauchen sehen, denn er befindet sich gleich neben der N44. Doch er liegt, vor Blicken geschützt, im Stadtwald, deshalb auch sein Name: *Huis ten Bosch,* Haus im Wald.

Der zweite Palast von Willem Alexander ist da weitaus sichtbarer: *Paleis Noordeinde.* Er liegt mitten im Stadtzentrum, an der gleichnamigen schicken Einkaufsmeile, wo auch ich gerne shoppe. Hier gibt es nicht nur tolle Boutiquen in schönen Jugendstilhäusern, sondern auch Galerien, Juweliere, Antiquitätenläden und obendrein einladende Cafés und Kneipen. Wenn ich beim Palast ankomme, schaue ich immer nach oben. Weht die niederländische Trikolore über dem Dach, weiß ich: Willem Alexander sitzt hinterm Schreibtisch. Denn *Paleis Noordeinde* ist sein Arbeitspalast, im Grunde genommen also ein etwas zu groß geratenes Büro. Vor dem schmiedeeisernen Eingangstor stehen seit Menschengedenken ein Denkmal von Willem van Oranje und ein Eisverkäufer. Mit Letzterem halte ich gerne ein Schwätzchen, um zu erfahren, was er so alles beobachtet hat. Mittwochvormittags rücken die neuen Botschafter an, um offiziell willkommen geheißen zu werden, vorbei an Militärkapelle, Ehrenwache und Ehrensalut aus vier Trommelwirbeln. Montagvormittags schaut traditionell der Ministerpräsident vorbei, um den König über aktuelle politische Entwicklungen zu informieren. Einen weiten Weg hat er nicht, sein eigener Arbeitsplatz liegt schließlich nur gut 800 Meter entfernt: im *torentje,* einem mittelalterlichen Backsteintürmchen, das zum *Binnenhof* gehört. Dieses historische Gebäudeensemble formt seit Jahrhunderten das Herz der niederländischen Demokratie, hier befinden sich Regierung und Parlament.

Mit seinen knapp 550 000 Einwohnern ist Den Haag die drittgrößte Stadt des Landes, nach Rotterdam und der Hauptstadt Amsterdam. Die Niederlande gehören zu den wenigen Ländern, die sich eine Haupt- und eine Regierungsstadt leisten. Natürlich wurmt es die *Hagenezen* oder *Hagenaren,* wie sich die Bürger von Den Haag nennen, zuweilen mächtig, immer im Schatten von Amsterdam zu stehen. Schließlich hat die Regierungs- und Königsstadt etwas ganz Besonderes zu bieten: Wo sonst kann man den Regierungschef vorbeiradeln sehen und mit etwas Glück Königin Máxima beim Shoppen begegnen?

Mit einem Van-Gogh- oder Reichsmuseum kann Den Haag zwar nicht aufwarten, dafür mit Vermeers »Mädchen mit dem Perlenohrring« und der größten Mondriankollektion der Welt. Wer die Badesachen nicht vergessen hat, kann sich zudem nach Stadtbummel und Museumsbesuch an den Strand legen, denn Den Haag ist die einzige Großstadt der Niederlande mit eigenem Nordseestrand. Nicht umsonst wird sie auch *stad in de duinen* genannt, Stadt in den Dünen. Und wegen ihrer vielen internationalen Gerichtshöfe obendrein *Legal Capital of the World,* Welthauptstadt für Gerechtigkeit.

Alles, was Recht ist

Die internationalen Gerichtshöfe von Den Haag werden immer wieder durcheinandergebracht, deshalb hier die drei wichtigsten:

Im Friedenspalast hat seit 1946 der **Internationale Gerichtshof der Vereinten Nationen** seinen Sitz, der **IGH**. Er schlichtet ausschließlich Streitfragen zwischen Staaten, zum Beispiel über Grenzverläufe. Es können sich also nur Regierungen an ihn wenden.

Das **Tribunal für das ehemalige Jugoslawien (ICTY)** war ein sogenanntes Ad-hoc-Tribunal der UNO: Es hat einzig Kriegsverbrechen während der Balkankriege im ehemaligen Jugoslawien geahndet und seit 1993 insgesamt 161 Angeklagten den Prozess machen können. Inzwischen wird die Arbeit von einer Restbehörde fortgesetzt, dem **MICT**: Sie kümmert sich um die allerletzten Fälle und das Archiv.

Das Jugoslawientribunal war der Wegbereiter für den **Internationalen Strafgerichtshof ICC**. Er wird auch Weltgericht genannt, weil er seit 2002 versucht, Kriegsverbrechern weltweit den Prozess zu machen und der Straffreiheit von Generälen, Diktatoren und Rebellenführern auf allen Kontinenten ein Ende zu setzen.

Ich mag Den Haag sehr. Es ist eleganter, dezenter und auch viel ruhiger als das laute, schrille und überlaufene Amsterdam. In Den Haag lässt es sich entspannter und stressfreier durch die Straßen flanieren – ohne die ständige Angst, gleich von einem Radfahrer umgemäht zu werden. Hier können sich Besucher sogar selbst auf den Sattel wagen – wobei Nicht-Niederländer beim Radfahren grundsätzlich wachsam bleiben sollten, auch in Den Haag. Denn wie Dieter festgestellt hat: »In diesem Land kommen die *fietsers* von allen Seiten – bloß nicht von oben.«

In die Innenstadt von Den Haag traue ich mich sogar mit dem Auto. (In Amsterdam habe ich mir das nur einmal angetan und im Grachtengürtel beinahe einen Herzinfarkt erlitten.) Ich mache diese Entscheidung immer abhängig von der Zahl der Freunde oder Verwandten, die mich besuchen und denen ich Den Haag zeigen will. Zwar sind Tiefgaragen ein teurer Spaß und Stundentarife von fünf Euro keine Ausnahme, aber Gleiches gilt fürs Zugfahren. Da muss man eben rechnen. Lohnt sich die Anfahrt mit dem Auto, stelle ich es am liebsten unter dem *Plein* ab, einem geselligen, von Kneipen und Cafés gesäumten Platz im Herzen der Stadt, direkt am *Binnenhof.* Oder, ein paar Meter weiter, in der Tiefgarage vom *Museumskwartier,* dem Museumsviertel.

Da sind wir dann gleich mittendrin und begeben uns als Erstes ins *Mauritshuis,* eines meiner Lieblingsmuseen, in dem ich mir immer wie in einem sehr luxuriösen, aber behaglichen Wohnzimmer aus dem 17. Jahrhundert vorkomme. Gebaut wurde es als Stadtpalast für Graf Johan Maurits van Nassau-Siegen. *Juwelendoosje* wird es auch genannt, weil sich hier so viele hochkarätige Kunstwerke holländischer und flämischer Meister aus dem 17. und 18. Jahrhundert befinden: »Die Anatomiestunde des Dr. Nicolaes Tulp« von Rembrandt, Paulus Potters monumentaler Stier, der hinreißend schöne kleine »Distelfink«, *»Het puttertje«,* von Carel Fabritius. Und natürlich das *»Meisje met de parel«* von Vermeer, das »Mädchen mit dem Perlenohrring«.

Mein absolutes Lieblingsstück aber ist Vermeers »Ansicht von Delft« – ein Bild, das seit Jahrhunderten fesselt und betört. Für Marcel Proust war es sogar das schönste Bild auf Erden! »Weil es etwas mit Menschen macht«, hat mir *Mauritshuis*-Konservatorin Lea van der Vinde einmal erklärt. »Es scheint auf geheimnisvolle Weise Licht auszustrahlen.« Das hat mit den Farben zu tun, die sind überwältigend: das Blau, die warmen Ockertöne der Häuser, die roten Dächer. Darüber der hohe holländische Himmel mit dramatisch aufgetürmten Wolken. Es ist, als ob man regelrecht reingesaugt, reingezogen würde – ins Bild, in die Stadt, ins 17. Jahrhundert!

Auch das *Mauritshuis* selbst lässt dieses Zeitalter, das lange als goldenes gefeiert wurde, mit seinen Kronleuchtern, den Deckengemälden und den mit Seidentapeten bespannten Wänden wieder lebendig werden. Manchmal nehme ich mir die Zeit, setze mich an ein Fenster und male mir aus, wie es in Den Haag damals zuging. Ist ein Platz mit Blick auf den *Hofvijver* frei, den Schlossweiher mit der mittelalterlichen Fassade des *Binnenhofs* und dem achteckigen *torentje,* dann führt meine Zeitreise noch weiter zurück. Ich versuche, mir vorzustellen, wie alles begann und wie es wohl ausgesehen hat, als es da draußen nur bewaldete Dünen gab. Und diesen kleinen See voller Fische, an dem sich Graf Floris IV. von Holland im 13. Jahrhundert ein Jagdschloss baute, den Vorläufer vom *Binnenhof. Die Haghe* wurde es genannt, was so viel bedeutet wie »das Eingehegte«. Um es ein bisschen standesgemäßer klingen zu lassen, wurde daraus *'s-Gravenhage,* wie Den Haag noch heute offiziell heißt: »das Eingehegte des Grafen«. Aber das war den Leuten natürlich viel zu umständlich, Sprache geht immer den Weg des geringsten Widerstands. Und so wurde daraus das sehr viel einfachere Den Haag.

Die Stadt entstand im Laufe der Jahrhunderte um den *Binnenhof* herum. Der war schon immer politisches Zentrum, hier trafen sich die Vertreter der holländischen Städte und, während des Unabhängigkeitskriegs gegen die Spanier, die Statthalter und Vertreter der sieben nördlichen Provinzen, die Generalstände. Was diesen Ort für sie so attraktiv machte: Den Haag hatte im Mittelalter keine Stadtrechte bekommen und galt als neutraler Boden. Daran hat sich bis heute nichts geändert, offiziell ist Den Haag bloß eine niederländische Gemeinde. Und deshalb kokettieren die *Hagenezen* gerne damit, das größte Dorf der Welt zu sein.

Wenn ihr beim Verlassen des *Mauritshuis* nach rechts abbiegt und, am *torentje* vorbei, durch die alte Eingangspforte tretet, die *Grenadierspoort,* könnt ihr in die mittelalterliche Welt der Grafen von Holland eintauchen. Herzstück ist der gotische *Ridderzaal,* ursprünglich ein imposanter Festsaal. In ihm hält Willem Alexander jedes Jahr am dritten Dienstag im September, dem sogenannten *Prinsjesdag,* zur Eröffnung des parlamentarischen Jahres die Thronrede. Dann schwelgt die gesamte Nation in Nostalgie. Um Punkt ein Uhr setzt sich der König zusammen mit Máxima vor *Paleis Noordeinde* in die *Gouden Koets,* die Goldene Kutsche, und fährt, dem jubelnden Volk zuwinkend, zum *Ridderzaal.* Die Fahrt dauert gut eine Viertelstunde, dann sitzt er auf dem Thron und spricht zur Lage der Nation. Die festlich gekleideten Gäste, darunter Minister und Abgeordnete, lauschen ihm andächtig, um zum Abschluss umso kräftiger mitzubrüllen, wenn der Vorsitzende der Ersten Kammer, des Senats, die Zeremonie beendet und lauthals ruft: *»Leve de Koning! Hoera! Hoera! Hoera!«* Kurz vor zwei fährt das königliche Paar in seiner Kutsche zurück zum Palast, wo es sich vom Balkon winkend verabschiedet.

Wer entlang der Route der *Gouden Koets* mit guter Sicht Spalier stehen will, muss früh aufstehen, denn am *Prinsjesdag* rücken Oranje-Fans aus dem ganzen Land an, um dem Königspaar zuzuwinken. Alle sind festlich gekleidet und oranjefarben dekoriert, die Damenwelt – wie beim Pferderennen in Ascot – mit den ausgefallensten Hutkreationen. Auf der Flaniermeile *Lange Voorhout* wird eine Tribüne aufgebaut.

Sie liegt nur einen Katzensprung von *Binnenhof* und *Mauritshuis* entfernt und ist im Frühling hinreißend schön, unter den Lindenbäumen blühen Tausende von Krokussen. Auf der *Lange Voorhout* finden regelmäßig Bücher- und Antiquitätenmärkte und im Sommer das Skulpturenfestival statt. Und hier liegt das Hotel Des Indes, sozusagen das Adlon von Den Haag, wo neben Thomas Mann und Roosevelt auch schon Prince, die Spice Girls und die Stones abgestiegen sind. Wenn ihr es links liegen lasst, gelangt ihr auf den *Denneweg* mit seinem Gewirr an kleinen Seitengassen, Cafés und Antiquitätenlädchen – ein lohnenswerter Abstecher!

Schräg gegenüber vom Des Indes befindet sich der einstige Winterpalast von Königin Emma mit dem Escher-Museum, benannt nach dem weltberühmten Meister optischer Täuschungen, Maurits Cornelis Escher: Noch heute verblüfft er mit seinen Vögeln, die zu Fischen werden, oder Treppen, die gleichzeitig nach oben und unten zu führen scheinen. Von dort aus schlendern wir am anderen Ufer des Schlossweihers entlang zu einem gemütlichen Platz mit Kneipen, Läden und Cafés, der auch einfach nur so heißt: *Plaats.* Hier könnte ich meine Freundinnen und auch meine Schwester getrost für ein paar Stunden bei Dille & Kamille zurücklassen, einem wunderschönen Haushaltsladen, und wenn ich zurückkäme, hätten sie sich immer noch nicht sattgesehen. Von da geht es auf die Ladenstraße *Noordeinde,* um über die *Passage* unter ihrem beeindruckenden Glasdach zum *Binnenhof* zurückzugelangen.

In der *Passage* fühle ich mich immer ein bisschen wie in Italien, sie erinnert an die Galleria Vittorio Emmanuele in Mailand, die kurz vorher entstand, und an die ein paar Jahre später gebaute Galleria Umberto I. in Neapel.

Stad in de Duinen

Habt ihr noch genug Kondition? Dann wäre es jetzt an der Zeit, aufs Rad zu steigen und nach Scheveningen an den Strand zu radeln. Auf direktem Weg wären es nur knapp fünf Kilometer, ich mache daraus neun, denn ich möchte mit euch am altehrwürdigen Friedenspalast vorbeiradeln, wo der Internationale Gerichtshof der Vereinten Nationen seinen Sitz hat und vor dessen Tor die ewige Flamme des Friedens brennt. An seinem Bau haben sich Länder aus aller Welt beteiligt: Japan lieferte die Seidentapeten, Deutschland das schmiedeeiserne Gitter, Dänemark den Eisbärenbrunnen.

Dann geht's weiter durch die *Scheveningse Bosjes,* die Scheveninger Wäldchen, vorbei an Jugoslawientribunal, Europol, Eurojust und der Organisation für das Verbot chemischer Waffen OPCW – das ist die Meile der internationalen Institutionen von Den Haag. Nach insgesamt fünf Kilometern erreichen wir das *Kunstmuseum Den Haag,* das bis vor Kurzem *Gemeentemuseum,* Gemeindemuseum, hieß. Hier riecht es schon nach Meer, über uns kreischen Möwen. Das Museum liegt im schicken *Statenkwartier,* dem Diplomaten- und Expatviertel. Hier stehen stolze Reihenherrenhäuser aus dem 19. Jahrhundert stramm in Reih und Glied, roter Backstein mit weiß gestrichenen Fensterrahmen, Balkonen und Veranden. England lässt grüßen!

Das Kunstmuseum ist nicht nur wegen der größten Mondriansammlung der Welt für Freunde abstrakter Kunst ein

Muss (auch »Victory Boogie Woogie« fehlt nicht), das Art-déco-Gebäude selbst erinnert mit seinen gelben und roten Fliesen ebenfalls an ein Gemälde dieses Stammvaters der modernen Kunst. Bei kühlem Wetter ist das wunderschöne Grand Café im Wintergarten des Museums ideal für eine Verschnaufpause, bei gutem setze ich mich einen Steinwurf entfernt bei *Gember* auf die Terrasse, direkt am Museumsteich. Dieses schicke Designrestaurant gehört zum Museum für zeitgenössische Kunst, *KM21,* gleich nebenan.

Von da sind es nur noch zweieinhalb Kilometer zum Hafen von Scheveningen. Klein ist er und *gezellig.* Hier wird jedes Jahr im Juni am *Vlaggetjesdag,* dem Fähnchentag, der erste Heringsfang mit einem großen Straßenfestival gefeiert. In den beiden von Restaurants und Kneipen gesäumten alten Hafenbecken dümpeln Fischerboote und moderne Segeljachten. Jetzt riecht es definitiv nach Urlaub und Ferne. Sehnsüchtig schaue ich zu, wie beim Verlassen des Hafens Segel gehisst und Fender eingeholt werden. Am liebsten würde ich an Bord springen!

Doch wir bleiben an Land, auf dem *Strandweg,* und radeln das letzte Stück weiter zum Kurhaus und der Pier. Beide erinnern daran, dass der europäische Hochadel hier um 1900 die Sommerfrische verbrachte. Inzwischen liegen beide Bauwerke eingekeilt zwischen lieblosen Betonhochbauten. So wie auf der anderen Seite der Nordsee, in Seebädern wie Brighton an der englischen Küste, konnte auch die Pier von Scheveningen nur durch Rummel am Leben erhalten werden: Seit 2015 kann man hier Bungeejumpen, Seilrutschen oder ins fünfzig Meter hohe Riesenrad steigen. Ich flaniere dennoch immer einmal über die Pier, wenn ich hier bin. Wegen des Ausblicks übers Wasser – bis hin zum *Wassenaarse Slag,* meinem Lieblingsstrand weiter im Nordosten, kann man gucken. Und weil ich mich manchmal ganz gerne diesem nostalgischen Gefühl von Vergänglichkeit hingebe. Diesem winzigen Hauch von Glanz und Gloria, der in der Luft hängen geblieben ist.

Deshalb lotse ich meine Besucher auch immer kurz ins Kurhaus, wo schon Edith Piaf, Marlene Dietrich oder die Callas auftraten und übernachteten. Im prachtvollen Kursaal sollte man zumindest einmal einen Blick in die Kuppel geworfen haben mit ihren Deckengemälden und gigantischen Kristalllüstern. Irgendwie hat das schon etwas, dieses Aufblitzen von Schönheit, die sich inmitten von so viel Hässlichkeit zu behaupten wusste. Und ich muss zugeben: Wenn nicht gerade Hochsaison ist, lässt es sich auch in einer der vielen Buden und Pavillons unten auf dem Strand ganz gut aushalten. Von hier aus, auf dem *zwarte pad* Richtung Nordosten, gibt es viele weitere schöne Strandpavillons, es wird immer ruhiger und einsamer. Da beginnen einmalige Radwege, die durch die Dünen führen, bis hin zu *Voorlinden,* einem erstklassigen Privatmuseum für zeitgenössische Kunst, das …

Aber nein – keine Angst! Das machen wir ein andermal. Für heute reicht es. Jetzt gibt es zum Abschluss einen guten Fisch, am besten in einem der Restaurants an den Hafenbecken. Ich kann euch aber auch etwas ganz anderes vorsetzen lassen. Etwas, worin Den Haag ebenfalls einzigartig ist – in kulinarischer Hinsicht.

Kulinarisches Kolonialerbe

Einen Katzensprung vom Regierungsviertel entfernt, am *Kneuterdijk,* steht Benjamin Tompul wie immer gut gelaunt hinterm Tresen und begrüßt seine Gäste. In der Türöffnung hinter ihm wird die Silhouette seiner Frau Anna sichtbar: Sie beugt sich über einen ausladenden Küchenblock, auf dem bestimmt an die dreißig verschiedene Gerichte mit Schöpflöffeln stehen und darauf warten, serviert zu werden. Mir läuft bereits das Wasser im Mund zusammen, gleich werden auch wir eine beträchtliche Auswahl an dampfenden kleinen Schüsseln vor uns auf dem Tisch stehen haben: mal süßsauer, mal scharf, mal mild, mal mit Curry-, Kokos- oder Erdnusssoße. Denn wir sind hier, um eine *rijsttafel* zu essen, eine Reistafel. Darauf hat sich Tompuls indonesisches Restaurant spezialisiert.

De Poentjak heißt es, benannt nach einem Bergpass auf Java, der in 1500 Meter Höhe von Bogor nach Bandung führt. In einem Dorf in der Nähe dieses Passes ist Benjamin Tompul geboren. 1941 war das, »umgeben von Reisfeldern und Teeplantagen«, erinnert sich der inzwischen Achtzigjährige. Jetzt lebt er schon mehr als vierzig Jahre in Holland. Und fast genauso lange gibt es sein Restaurant, einen echten Familienbetrieb, der in der ganzen Stadt ein Begriff ist. Eben wegen seiner Reistafel.

»Den Haag hat eine richtige Reistafelkultur«, erklärt uns einer der beiden Geschäftsleute am Nebentisch. »Allein hier in der Gegend gibt es fünf oder sechs indonesische Restaurants, Poentjak gehört zu den besten.« Benjamin Tompul strahlt von einem Ohr bis zum anderen, als er das hört. Nicht umsonst hat er viele prominente Stammgäste. Botschaftsangehörige, Minister, und auch Ministerpräsident Mark Rutte komme fast jede Woche, erzählt er und blättert durch sein Reservierungsbuch: Für morgen Nachmittag habe er wieder einen Tisch reserviert, »den kleinen runden am Fenster. Ich bin gespannt, wen er dieses Mal mitbringt.« Seine belgischen und englischen Amtskollegen habe Rutte schon im Schlepptau gehabt. »Aber Angela Merkel hat sich in all den Jahren bedauerlicherweise nie bei uns blicken lassen«, lacht Tompul, als er sich in die Küche begibt. Er deutet auf eine der vielen Schüsseln: »Das ist Hühnerleber in scharfer Soße. Das hier Schweinefleisch in Ketjabsoße und Rindfleisch mit Kokos. Hier haben wir noch Rindfleischbraten süß, mit Zimt. Und Schweinefleisch in scharfer Soße. Und zu allen Gerichten wird natürlich Reis serviert, denn es ist ja eine Reistafel!« Entweder einfach nur weißer Reis, *Nasi*. Oder *Nasi Goreng:* gebackener Reis mit Ei und Gemüse und wahlweise auch kleinen Stückchen Fleisch.

Entstanden ist die Reistafel während der niederländischen Kolonialzeit. Bereits 1599 hatten die ersten holländischen Handelsschiffe den aus 13 000 Inseln bestehenden indonesischen Archipel erreicht. 1602 beschlossen die verschiedenen großen und kleinen Handelsgesellschaften, ihre Kräfte zu bündeln, um sich gegen die Konkurrenz aus dem Ausland zu behaupten: Die legendäre *Verenigde Oost-Indische Compagnie* VOC entstand, die erste Aktiengesellschaft der Welt. Sie hatte das Monopol auf den Handel zwischen der Kolonie und der jungen Republik an der Nordsee, ihre Schiffe brachten kostbare Gewürze wie Pfeffer, Zimt und Muskatnuss nach Europa. Damit war die Basis für das Kolonialreich in Südostasien gelegt, *Nederlands-Indië,* Niederländisch-Indien. Mit dem indischen Subkontinent hat das überhaupt nichts zu tun – Indien heißt auf Niederländisch *India*. Und indisch *indiaas*. Das niederländische *indisch* (sprich: indiss) bezeichnet vielmehr die eurasiatische Mixkultur, die in der Kolonie entstand.

»Als indonesisch kann man eigentlich erst all das bezeichnen, was nach dem Unabhängigkeitskrieg 1949 entstand, als Indonesien als souveräner Staat anerkannt wurde«, erklärt uns der Geschäftsmann vom Nebentisch. Von einer indonesischen Reistafel könne also streng genommen keine Rede sein, vielmehr gehe es um eine *indische rijsttafel*.

Nach dem verlorenen Kolonialkrieg kehrten viele Niederländer zurück an die Nordseeküste – und mit ihnen viele *indische Nederlanders,* die in der jungen Republik ebenfalls nicht mehr erwünscht waren. Ihre Kultur nahmen sie mit – auch die Reistafel. Die Auseinandersetzung mit den Schattenseiten der Kolonialzeit, dem Leid und der Ausbeutung der Menschen im ehemaligen *Nederlands-Indië* hat gerade erst begonnen, dazu werdet ihr gleich noch mehr erfahren. Die Reistafel ist sozusagen der unbeschwerte kulinarische Teil des kolonialen Kulturerbes und wird inzwischen auch bei Botschaftsempfängen gereicht. Für die Niederländer ist sie im Laufe der Jahrzehnte zu einem ganz normalen Bestandteil ihrer Küche geworden. Bei jedem x-beliebigen Metzger und in jedem Supermarkt findet man – anders als in Deutschland – sämtliche Kräuter, die es dafür braucht. Fast jeder Niederländer hat Sambal oder die Würzsoße Ketjab zu Hause und kann seine Freunde bei einem gemeinsamen Abendessen problemlos mit einer selbst gemachten *rijsttafel* überraschen. Mit ihren vielen verschiedenen Gerichten ist sie ein Mix der Kulturen. Egal, ob Europäer oder Asiaten, Muslime, Christen, Fleischesser oder Vegetarier – alle sollen auf ihre Kosten kommen. Ein multikulturelles Festessen, bei dem der Geschmack der anderen und ihre Glaubensvorschriften respektiert werden: Wer's nicht ganz so scharf mag, greift zu etwas Milderem, wer muslimisch ist, lässt das Schweinefleisch stehen. »Jeder nimmt sich, was er will«, betont Benjamin, als die ersten dampfenden Schüsselchen aus der Küche eintreffen. *Hmmmh, lekker!* Na dann: *Eet smakelijk!*

Indische Stad

Dass es in Den Haag so viele *indische* Restaurants gibt wie nirgendwo sonst in den Niederlanden und obendrein die allerbesten, kommt nicht von ungefähr: Die Kolonie *Nederlands-Indië* wurde von hier aus verwaltet, am *Plein* steht noch das mächtige Gebäude im eklektischen Stil, in dem einst das *Ministerie van Koloniën* untergebracht war, das Ministerium der Kolonien. Auch die Handelsgesellschaften, die im *gordel van smaragd,* im Smaragdgürtel, wie das koloniale Inselreich verklärend genannt wurde, Geschäfte machten, hatten ihren Sitz in Den Haag.

Daneben gab es Kolonien im Westen, auf der anderen Seite des Atlantiks. Surinam im Norden von Lateinamerika, Teile von Brasilien sowie die niederländischen Antillen in der Karibik: Vor der Küste Venezuelas die ABC-Inseln Aruba, Bonaire und Curaçao »unter dem Wind«, also südlich des karibischen Hurrikangürtels, und weiter nördlich »über dem Wind« die SSS-Inseln Saba, Sint Eustatius und Sint Maarten. Niederländische Kaufleute der Westindien-Kompanie WIC (dem Gegenstück zur VOC in Asien) ließen dort auf ihren Plantagen von Versklavten Kaffee, Rohrzucker und Baumwolle produzieren.

Am wichtigsten aber und am prestigeträchtigsten war für die Niederländer das Kolonialreich aus 13 000 Inseln in Südostasien, über das sie gut 400 Jahre herrschten. Ende des 19. Jahrhunderts hatte fast jeder *Hagenaar* ein Familienmitglied oder wenigsten einen Bekannten, der als Beamter, Militär oder Geschäftsmann in *Nederlands-Indië* tätig war. Im Tympanon des Hotels Des Indes und auf dem Baldachin über dem Eingang prangt noch heute das Wappen von Batavia, wie Jakarta damals hieß. Allein schon der Hotelname verweist auf *Nederlands-Indië.* Denn die Hauptkundschaft bestand aus Niederländern aus der Kolonie, die ihre Ferien in Holland verbrachten, inklusive Personal wie der *Babou,* der Kinderfrau, die im Sarong den Kinderwagen durch die Stadt schob oder vor dem Kurhaus in einem Strandkorb auf die Kleinen aufpasste. Im Gemeindearchiv von Den Haag gibt es viele Schwarz-Weiß-Fotos, die von dieser Zeit erzählen.

Und weil viele Beamte und Militärs nach ihrer Pensionierung in die alte Heimat zurückkamen, um hier ihren Lebensabend zu verbringen, entstanden ganze Stadtviertel speziell für diese Heimkehrer. So wie in der zweiten Hälfte des 19. Jahrhunderts die *Archipelbuurt* mit Straßennamen wie *Java-*, *Bali-* oder *Sumatrastraat*. Prächtige Viertel sind das, mit wunderschönen Häusern. Aber nichts verglichen mit dem Luxus, in dem diese Niederländer im Smaragdgürtel auf Kosten der einheimischen Bevölkerung hatten schwelgen können.

Dieses für die Niederländer paradiesische Leben in der Kolonie endete am 7. Dezember 1941 mit dem Angriff der Japaner auf Pearl Harbor. Einen Tag später erklärte die niederländische Regierung Japan den Krieg. Die Reaktion der Japaner war die Besetzung von *Nederlands-Indië:* Mehr als 100 000 niederländische Bürger wurden während dieser Invasion gefangen genommen und als »feindliche Ausländer« in Internierungslager gebracht. Tausende von Männern mussten Zwangsarbeit leisten, u. a. beim Bau der Birma-Siam-Eisenbahnlinie. Die Frauen wurden als Sexsklavinnen in Bordellen missbraucht, als sogenannte *troostmeisjes,* Trostmädchen, für japanische Soldaten.

17 000 Niederländer kamen in den Lagern ums Leben. Das Leiden dauerte fast vier Jahre; es endete mit der Kapitulation der Japaner am 15. August 1945. Ein Denkmal in den *Scheveningse Bosjes* erinnert daran, das *Indisch Monument:* Hier

findet jedes Jahr am 15. August eine nationale Gedenkfeier statt – für die Opfer der japanischen Besatzungszeit, für die der Zweite Weltkrieg nicht bereits Anfang Mai 1945 endete, sondern erst gut dreieinhalb Monate später.

Nach der Kapitulation der Japaner begann der Indonesische Unabhängigkeitskrieg; das Kolonialreich aus 13 000 Inseln, das Paradies im Smaragdgürtel – 1949 sollte es endgültig verloren sein. Mehr als 200 000 Niederländer und *indische Nederlanders* emigrierten in die Niederlande, die meisten ließen sich in Den Haag nieder. Kein Wunder also, dass ausgerechnet hier auf dem *Malieveld* 1959 das erste multikulturelle Festival der Niederlande stattfand: der *Pasar Malam Besar,* größtes eurasiatisches Festival der Welt mit Jahrmarkt, Musik, Theater, Tanz und viel gutem Essen. Das ist es bis heute geblieben, allerdings heißt es inzwischen *Tong Tong Fair.* Die Organisatoren haben es sich zum Ziel gesetzt, die Kenntnisse über die indonesische und die eurasiatische Kultur zu fördern. Für sie ist Den Haag die *indische* Hauptstadt der Welt. Immerhin, so betonen sie gerne, würden vier von fünf Niederländern bis heute in irgendeiner Form mit *Nederlands-Indië* in Verbindung stehen. Und rund zwei Millionen der insgesamt 17,2 Millionen Niederländer sind *indische Nederlanders,* sie haben Wurzeln in der ehemaligen Kolonie.

2010 begann die Stadt Den Haag, das kulturelle Erbgut, das Handel und Austausch mit dem einstigen Kolonialreich in der Stadt hinterlassen haben, zu inventarisieren. Zu den Resultaten gehört die *indische stadskaart* – ein Stadtplan, auf dem alle wichtigen *indischen* Gebäude, Denkmäler, Kunstwerke und Inschriften erfasst sind. *Sporen van Smaragd* heißt dieses Projekt, Spuren von Smaragd. Ein Titel, der einmal mehr zeigt, wie sentimental die Niederländer bis vor Kurzem auf ihre koloniale Vergangenheit zurückblickten.

Inzwischen ist für allzu viel Romantik kein Platz mehr. So wie viele einstige Kolonialmächte in Europa kommen auch die Niederländer nicht umhin, in den Spiegel zu schauen und sich unbequemen Wahrheiten zu stellen.

Unbequeme Wahrheiten

Der Indonesische Unabhängigkeitskrieg begann 1945 und dauerte vier Jahre. Auf indonesischer Seite hat er schätzungsweise 100 000 Menschen das Leben gekostet, auf niederländischer Seite kamen 5000 Soldaten ums Leben. Erst auf Druck der Vereinten Nationen gaben sich die Niederländer 1949 geschlagen. Dennoch durfte dieser Krieg bis vor Kurzem nicht als Krieg bezeichnet werden. Stattdessen war beschönigend und verharmlosend von *politionele acties* die Rede, von Polizeiaktionen. Es wollte eben so gar nicht zum toleranten und friedlichen Selbstbild der Niederländer passen, dass auch ihre Soldaten Kriegsverbrechen begingen und ganze Dörfer ausrotteten.

So wie 1947 in Rawagede auf Java: Mehr als 400 Männer wurden massakriert – fast die gesamte männliche Bevölkerung des westjavanischen Dorfes. Erst 2011, mehr als sechzig Jahre später, machte ein Gericht in Den Haag den niederländischen Staat für dieses Blutbad verantwortlich. Die neun Witwen, die geklagt hatten, uralte Frauen um die neunzig, bekamen je 20 000 Euro Entschädigung; der niederländische Botschafter in Jakarta bat öffentlich um Entschuldigung. Ein historischer Prozess. Gut eine Handvoll weiterer zivilrechtlicher Verfahren dieser Art laufen noch.

Für einen weiteren Durchbruch in der Aufarbeitung der kolonialen Vergangenheit sorgte König Willem Alexander bei seinem Staatsbesuch in Jakarta 2020, als er sich überraschend entschuldigte. »In Übereinstimmung mit früheren Äußerungen meiner Regierung möchte ich mein Bedauern ausdrücken über die exzessive Gewalt, die wir Niederländer damals in jenen Jahren angewendet haben, und um Entschuldigung bitten«, sagte der König. »Ich tue dies in dem Wissen, dass das Leid und der Schmerz der betroffenen Familien bis heute spürbar sind.« Viele Menschen trauten ihren Ohren kaum, als sie diese Worte hörten, vor allem in Indonesien nicht: Jahrzehntelang hatten sie vergeblich darauf gewartet.

Doch damit entschuldigte sich der König nur für das Unrecht der letzten vier Jahre der Kolonialzeit – nicht für all die Gräueltaten in den Jahrhunderten davor. Gut 400 Jahre, in denen Historikern zufolge Millionen von Menschen ausgebeutet und geknechtet, versklavt und ermordet wurden.

Inzwischen bekommen diese Verbrechen Gesichter. Das wohl berühmteste ist das von J. P. Coen. Fast jede niederländische Stadt hat eine J.-P.-Coen-Straße, auch in meinem Viertel gibt es eine. Nach J. P. Coen (sprich: jee-pee-cuhn) sind Schulen benannt, er thront auf Sockeln und ist auf zahllosen Gemälden abgebildet – als stolzer Seeheld. Jedes Kind kennt ihn. Denn Jan Pieterszoon Coen, wie sein voller Name lautet, war Generalgouverneur der VOC und einer der mächtigsten Männer der Kolonialzeit. 1587 wurde er in dem pittoresken IJsselmeerhafenstädtchen Hoorn geboren, gestorben ist er 1629 in Batavia.

Was bis vor Kurzem so gut wie kein Kind wusste: J. P. Coen war auch einer der grausamsten Niederländer der Kolonialzeit. 1621 ließ er fast die gesamte Bevölkerung auf den indonesischen Banda-Inseln ausrotten, 15 000 Menschen. Sie hatten es gewagt, ihre Muskatnüsse auch an Engländer und Portugiesen zu verkaufen und damit das Handelsmonopol der VOC gebrochen. Weil es daraufhin nicht mehr genug Menschen auf den Inseln gab, um die Muskatnüsse zu ernten, holte J. P. Coen per Schiff »Arbeiter« aus Afrika – die ersten Plantagensklaven der Niederlande.

Das Blutbad auf den Banda-Inseln gehört zu den dunkelsten und bis vor Kurzem auch unbekanntesten Kapiteln der niederländischen Kolonialgeschichte. J. P. Coen, nach heutigen Maßstäben ein Kriegsverbrecher, wurde bisher als nationaler Held gefeiert und verehrt. Doch inzwischen wird in vielen Städten heftig darüber diskutiert, umstrittene Ikonen wie ihn von ihren Sockeln zu holen. In Amsterdam hat sich eine J.-P.-Coen-Schule umbenannt – sie wollte nicht länger den Namen eines Massenmörders tragen. In Coens Geburtsstadt Hoorn wurde sein Standbild mit Farbe beschmiert, in Rotterdam hat sich das bislang als Witte de With bekannte Zentrum für zeitgenössische Kunst umbenannt: Seit 2021 heißt es Kunstinstitut Melly, weil auch Witte de With ein äußerst umstrittener »Seeheld« war. Und in vielen Städten, darunter Utrecht und Amsterdam, finden Aufklärungsspaziergänge statt, die die dunklen Seiten der Kolonialgeschichte zum Thema machen.

Diese finden sich nicht nur in Südostasien, sondern auch auf der anderen Seite der Welt, in den Kolonien jenseits des Atlantiks, wo die WIC wirkte und niederländische Kaufleute als Plantagenbesitzer steinreich wurden. Allerdings nur deswegen, weil sie Hunderttausende von Menschen als Versklavte ausbeuteten: Die Niederländer gehörten zu den grausamsten Sklavenhaltern Europas. Als Kolonialmacht verschifften sie rund

600 000 Menschen von Afrika auf Plantagen nach Amerika. Das sind gut fünf Prozent der schätzungsweise 12,5 Millionen Afrikaner, die von den Europäern zwischen 1500 und 1900 gefangen genommen und als Sklaven missbraucht worden sind.

Bisher hat es die Regierung dabei belassen, darüber ihr Bedauern auszudrücken. Aber der Druck auf Den Haag, dem Beispiel der Amsterdamer Bürgermeisterin Femke Halsema zu folgen, wächst. Sie hat sich im Sommer 2021 für die »aktive Beteiligung« der niederländischen Hauptstadt am Sklavenhandel entschuldigt: »Es ist an der Zeit, das große Unrecht der kolonialen Sklaverei in die Identität unserer Stadt einzumauern und es bedingungslos anzuerkennen.« Auch das historische Worte. Gesagt wurden sie bei der nationalen Gedenkfeier, mit der die Niederländer jedes Jahr im Amsterdamer *Oosterpark* an den 1. Juli 1863 erinnern, als sie die Sklaverei abschafften. Sie gehörten zu den Letzten in Europa. Wobei die Versklavten aufgrund einer »Übergangsphase« noch zehn Jahre weiterarbeiten mussten – und ihre Eigentümer großzügig entschädigt wurden.

Zu diesen Eigentümern gehörte Johan Maurits, jener Fürst von Nassau-Siegen, nach dem das *Mauritshuis* benannt ist. Das ließ sich Johan Maurits von 1633 bis 1644 bauen, als er Generalgouverneur der Kolonie Niederländisch-Brasilien war. Bislang wurde er vor allem wegen seiner Bedeutung für die Künste und Wissenschaften gerühmt. Mit der wichtigen und bislang unterbelichteten Rolle, die er auch im transatlantischen Sklavenhandel spielte, setzt sich das Museum seit Herbst 2020 in einer Dauerausstellung kritisch auseinander – in Saal 8, wo auch das lebensgroße Porträt von ihm zu sehen ist. Johan Maurits besaß Sklaven, die in seinem Palast in Brasilien arbeiten mussten, und er hat selbst mit Versklavten gehandelt – und zwar illegal! Zur Finanzierung seines Stadtpalastes brauchte er Extrageld. Seinen Namen will das *Mau-*

ritshuis trotzdem behalten. Und ihn verantwortungsvoll tragen: »Wir wollen uns offen mit den dunklen Seiten unserer Vergangenheit auseinandersetzen – egal, wie schockierend sie sind«, so Konservatorin Lea van der Vinde.

Kulturstreit *zwarte Piet*

Wie schwer sich die Niederländer mit der Aufarbeitung ihrer kolonialen Vergangenheit tun, zeigt auch die Heftigkeit, mit der die Debatte um den *zwarte Piet* geführt wird, den schwarzen Gehilfen des Nikolaus. Meistens wird *Sinter Klaas,* wie er hier heißt, von einer ganzen Schar *zwarter Pieten* begleitet: Sie werfen mit Pfeffernüssen um sich und teilen die Geschenke aus. Doch nun sind sie als Überbleibsel der Sklavenzeit in Verruf geraten. Von den Niederländern afrikanischer Herkunft aus Surinam und von den Antillen werden sie als diskriminierend und verletzend empfunden, ihre Kinder werden während der Nikolauszeit oft als *zwarte Pieten* gehänselt. Bereits 2016 hatte der Menschenrechtsausschuss der UNO die Niederländer aufgefordert, den *zwarte Piet* verschwinden zu lassen. Dieser Streit hat die Nation gespalten, die Fronten sind verhärtet, die Stimmung ist zuweilen grimmig, es kam sogar zu gewaltsamen Auseinandersetzungen zwischen *Zwarte-Pieten*-Gegnern und Nikolaustraditionalisten, bei denen Steine flogen und Brandbomben geworfen wurden. Die Kernfrage, um die es in diesem Kulturstreit geht: Muss die Mehrheit einer Gesellschaft auf eine Minderheit Rücksicht nehmen, die sich durch eine bestimmte Tradition diskriminiert fühlt – oder muss diese Tradition von der Minderheit als unabänderlich akzeptiert und ertragen werden?

Nein, sagen immer mehr Niederländer zu Letzterem: In vielen Gemeinden werden die einst schwarzen *Pieten* durch bunte ersetzt, durch rote, gelbe, blaue. Oder durch *roetveeg-pieten,* die Rußflecke im Gesicht haben, weil sie durch den Schornstein gerutscht sind. Auch im Fernsehen taucht der *zwarte Piet* seit 2019 nicht mehr auf – ein Durchbruch. Was den Kindern übrigens nicht weiter aufgefallen ist. Hauptsache, *Pieten* – die Farbe ist ihnen egal.

Schockierend ist nach heutigen Maßstäben auch eine Abbildung auf der *Gouden Koets,* der Goldenen Kutsche: Darauf sind halb nackte Schwarze aus den Kolonien zu sehen, wie sie in untertäniger Haltung einer weißen jungen Frau auf dem Thron (einer Allegorie der Niederlande) Gaben überreichen. Die Kutsche ist ein Geschenk, das die Stadt Amsterdam 1898 Königin Wilhelmina machte, 25 Jahre nach der Abschaffung der Sklaverei. Ob die *koets* jemals wieder fahren wird, ist fraglich. 2021 wurde sie nach einer gründlichen Restaurierung im *Amsterdam Museum* für Stadtgeschichte wieder der Öffentlichkeit präsentiert. Als Ausstellungsstück. Und das wird sie vermutlich bleiben. Willem Alexander und Máxima werden vorliebnehmen müssen mit ihrer Vorgängerin, der *Glazen Koets,* der Gläsernen Kutsche: Die ist ein bisschen weniger prunkvoll, dafür aber auch weniger umstritten.

Dass die Goldene Kutsche ausgerechnet im *Amsterdam Museum* präsentiert wurde, kommt nicht von ungefähr: Das Institut ist einer der Hauptakteure in der Aufarbeitung der kolonialen Vergangenheit und erregte 2019 großes Aufsehen, als es ankündigte, den Begriff *Gouden Eeuw,* Goldenes Zeitalter, fortan nicht mehr zu verwenden, er sei viel zu einseitig. Weil der unglaubliche Reichtum der jungen Republik damals auf Ausbeutung und Versklavung beruht und das vermeintlich so goldene Jahrhundert viele Schattenseiten gehabt habe. Ein Sturm der Entrüstung war die Folge, am lautesten schimpften erwartungsgemäß die Rechtspopulisten.

Schule hat die Entscheidung des *Amsterdam Museums* bisher nicht gemacht. »Natürlich hat das Goldene Zeitalter seine Schattenseiten«, stellte Direktor Taco Dibbits vom Amsterdamer *Rijksmuseum* klar. »Aber deshalb muss ja nicht gleich der Begriff aus den Geschichtsbüchern verschwinden.« So wie das *Mauritshuis* setzt auch das *Rijksmuseum* auf eine kritische Auseinandersetzung mit der eigenen Vergangenheit. Und zeigte 2021 eine bahnbrechende und mit Spannung erwartete Ausstellung über die Sklavenzeit, die als bisheriger Höhepunkt der Aufarbeitung der kolonialen Vergangenheit gilt: Sie erzählte die Geschichte von zehn historischen Personen anhand von 140 Ausstellungsstücken – darunter Brandeisen, Kassenbücher, eine Fußzwinge mit Kette und ein Kessel, in dem Zuckerrohr gekocht wurde. Aber auch Karten von Plantagen waren zu sehen und Gemälde von Malern, die im Auftrag der Plantagenbesitzer, die sich ein Bild von ihren überseeischen Besitztümern machen wollten, in die Kolonien geschickt wurden.

Bei den zehn Protagonisten handelte es sich um Freiheitskämpfer und Sklavenhändler, Versklavte, Plantagenbesitzer und Profiteure. Überraschenderweise war auch Rembrandts berühmtes Doppelporträt von Marten Soolmans und dessen Frau Oopjen Coppit auf dieser Ausstellung zu sehen – ihr erinnert euch: jene beiden Werke, die sich das *Rijksmuseum* mit dem Louvre teilt und die normalerweise in der Ehrengalerie bewundert werden können, gleich neben der »Nachtwache«. Nun aber hing das junge Ehepaar aus der Amsterdamer Oberschicht, das zu den stolzesten Repräsentanten des 17. Jahrhunderts zählt, in Saal 7 – als prominente Vertreter der Kategorie »Profiteure«. Denn was die Familien der beiden steinreich gemacht hatte, war Zucker von brasilianischen Sklavenplantagen – auf einmal erschienen sie in einem völlig anderen Licht.

Genauso ist es mit der Geschichte: Ändern können wir sie nicht, wohl aber die Perspektive, aus der wir sie betrachten. Den Begriff »Goldenes Zeitalter« jedenfalls benutzen die Niederländer nicht mehr so unbefangen und gedankenlos wie bisher. Auch ich merke, wie ich dabei ins Stocken gerate. Und den Amsterdamer Grachtengürtel, wo dieses vermeintlich so goldene Jahrhundert auf Schritt und Tritt lebendig wird, sehe ich mittlerweile mit anderen Augen – obwohl er nach wie vor, finde ich jedenfalls, von geradezu überwältigender Schönheit ist.

Amsterdam: *Venezia Hollandia*

Spannender Norden

Wer in Amsterdam mit dem Zug aus Rotterdam oder Den Haag eintrifft, sieht es kurz vor dem Hauptbahnhof durch das Zugfenster links liegen: *Eye,* das niederländische Filminstitut am Wasser. Schneeweiß glänzend leuchtet es vom anderen Ufer des IJ herüber, jenes ehemaligen Meeresarms, der Amsterdam über den Nordseekanal mit dem offenen Meer verbindet. Das kühne Bauwerk erinnert an ein soeben gelandetes Ufo oder eine gigantische, leicht geöffnete Auster.

Das *Eye* ist das neue Wahrzeichen des Nordufers, eines ehemaligen Hafen- und Werftgeländes, von dem die Amsterdamer bis vor Kurzem nicht viel wissen wollten. Sie haben ihm buchstäblich den Rücken zugewandt. Inzwischen aber schwärmt hinterm Hauptbahnhof eine ganze Armada kleiner Fährboote aus, einem Fächer gleich, um Ausflügler und Pendler ans andere Ufer zu bringen. Ich stelle mich immer gerne vorne an den Bug und habe jedes Mal das Gefühl, auf einer Seereise zu sein, wenn auch nur einer klitzekleinen. Die dafür aber kostenlos und sehr lohnenswert ist, denn am Nordufer des IJ könnt ihr ein völlig anderes Amsterdam entdecken! In den letzten Jahren ist dort ein Kreativviertel entstanden mit Galerien und Künstlerateliers, witzigen Cafés und Restaurants, ausgefallenen Hotels, Wohnungen und Büros. Bestes Beispiel: die *Kraanspoor,* ein 270 Meter langes Bürogebäude, das wie ein umgekippter gläserner Wolkenkratzer über dem Wasser zu schweben scheint. Der preisgekrönte Bau stammt vom Amsterdamer Architekturbüro OTH. Sie haben die Reste einer alten Kranspur als Sockel für ihren Entwurf verwendet. Oder, einen Steinwurf weiter, das Kraanhotel: Wer schwindelfrei ist, kann dort in fünfzig Meter Höhe eine unvergessliche Nacht verbringen. Das Hotel befindet sich in einem alten Kran und hat genau drei Zimmer zu bieten, die wie Container übereinandergestapelt sind. Und ganz oben auf der Dachterrasse wartet ein Jacuzzi unter freiem Himmel.

Auch das *Eye* solltet ihr euch anschauen – nicht nur wegen seiner Filmvorführungen und Ausstellungen: Allein schon sein Café-Restaurant, halbkreisförmig gestaltet wie ein Amphitheater, ist einen Besuch wert. Hier verabrede ich mich gerne zum Essen, auf ein Glas Wein oder auch nur einen Kaffee, denn der Panoramablick auf die Stadtsilhouette am anderen Ufer ist – auch am Abend – fantastisch. Und mit der Fähre bin ich dann ruckzuck wieder am Bahnhof und kann in den nächsten Zug nach Hause steigen. Der innovative, dynamische Wind, der am Nordufer weht, gefällt mir sehr. Dort herrscht Aufbruchstimmung, da gleicht Amsterdam noch einem rohen, ungeschliffenen Diamanten. Ein reizvoller Kontrast zur lieblichen Grachtenidylle, die sich auf der anderen Seite des IJ breitmacht.

Herren, Kaiser und Prinzen: Urbane Gesellschaft an der Amstel

Wegen genau dieser Idylle kommen aber ja die weitaus meisten Besucher – ohne Grachten kein Amsterdam-Gefühl! Sie verlassen die *Centraal Station* deshalb traditionell vorne an der Südseite. Wer geradeaus läuft, landet auf dem *Dam* mit dem Königlichen Palast, dem ehemaligen Rathaus. Die weitaus meisten allerdings biegen nach links ab und steuern auf die Nikolauskirche zu, um der Stadt sozusagen direkt an die Wäsche zu gehen. Denn dort liegen *De Wallen,* das berühmt-berüchtigte und hoffnungslos überlaufene Rotlichtviertel, das in allen von uns den Voyeur wachruft. Die größte Touristenattraktion der Stadt.

Ich bitte euch aber, trotzdem erst einmal mit mir nach rechts abzubiegen, über *Prins Hendrikkade* und *Singel* bis hin zur *Brouwersgracht* mit dem *Westindisch Huis,* dem einstigen Sitz der WIC. Ich versichere euch: Das Amsterdam-Gefühl wird sich auch hier umgehend einstellen! Wir stehen am westlichen Ende des weltberühmten Grachtengürtels und sind von so vielen Brücken umgeben, dass wir uns eigentlich schon mittendrin wähnen (Amsterdam wird ja auch »Venedig des Nordens« genannt). Denn die *Brouwersgracht* verbindet *Heren-, Keizers-* und *Prinsengracht.* Wer dem Lauf dieser drei folgt, kommt an der *Westerkerk* mit dem Anne-Frank-Haus vorbei und dann auf die *9 straatjes,* die neun Sträßchen, mit ihren vielen Lädchen und Cafés.

Diesen Schlenker nach Westen hin zur *Brouwersgracht* mache ich gerne, wenn ich einen Termin im Grachtengürtel habe, dafür nehme ich manchmal sogar einen früheren Zug. An Sommervormittagen zaubert das Sonnenlicht goldene Flecken in das helle Grün der Laubbäume und lässt das Wasser der Grachten silbern aufblitzen. Das dunkelbraune Rot der Backsteinfassaden, die eine schiefer als die andere, beginnt warm aufzuleuchten. Mit ihren weißen Fenstern und Giebeln erinnern mich die Grachtenhäuser immer an Lebkuchen mit Zuckerguss. Oder Schokolade mit Sahne. Amsterdam, so hat ein Fotograf es einmal sehr treffend ausgedrückt, ist Naschen mit den Augen. Und das Schöne daran: Von Schokolade oder Bonbons hat man irgendwann genug – von Amsterdam nie! Ich jedenfalls kann mich nicht sattsehen an den reich verzierten Patrizierhäusern, den Hausbooten, die davor auf dem Wasser dümpeln, den Stockrosen und vielen Blumentöpfen, die aufs Pflaster gestellt wurden.

Manchmal kommen an solch frühen Vormittagen die Bewohner mit einem *kopje koffie* vor die Tür, rollen sich einen *shag* (eine selbst gedrehte Zigarette) und setzen sich auf die kleine Bank, die auf dem *stoep* vor ihrer Haustür gerade noch Platz findet. Der *stoep* ist typisch für altholländische Städte: Er besteht aus drei, vier Treppenstufen, die zu einer Plattform vor der Haustür führen, und dient als Puffer, damit öffentlicher und privater Raum nicht völlig unvermittelt aufeinanderprallen. Reiche Bürger in anderen europäischen Metropolen leben zurückgezogen hinter schmiedeeisernen Toren und großen Vorgärten in ihren *Hôtels de Ville,* mit Flügeln rechts und links, um auch die Nachbarn auf Abstand zu halten. Ganz anders in Amsterdam: Da kommen die Menschen aus ihren Haustüren und stehen auf ihrem *stoep,* Rücken an Rücken, keinen Meter voneinander getrennt, auch die ganz Reichen.

Daran hat sich bis heute nichts geändert. Denn Vorgärten gibt es nicht, dafür ist kein Platz in einer Stadt wie Amsterdam, die auf sumpfigem Grund gebaut wurde, der erst trockengelegt werden musste. Das macht den Baugrund besonders kostbar, jeder Quadratzentimeter zählt. Und so müssen die Bewohner der prachtvollen Grachtenhäuser in Kauf nehmen, dass direkt vor ihren hohen Fensterscheiben die Passanten draußen auf dem Trottoir vorbeilaufen. Viele gucken ungeniert rein. Auch ich kann oft nicht widerstehen, allerdings möglichst unauffällig. Zumindest einen kleinen Eindruck will ich von diesen Räumen, in denen schon vor 400 Jahren Menschen wohnten, erhaschen. Und eine Brücke in längst vergangene Zeiten schlagen.

Mit dem Bau des Grachtengürtels wurde 1613 begonnen. Das Ausmaß dieser Stadterweiterung war damals ungekannt in Europa, denn sie war die erste, die sozusagen am Reißbrett entwickelt wurde. Zar Peter der Große war davon so beeindruckt, dass er Sankt Petersburg nach Amsterdamer Vorbild bauen ließ. Denn an der Amstel war etwas völlig Neues entstanden. Kein mittelalterliches Wirrwarr aus Sträßchen und Gassen mehr, sondern eine Art Manhattan: ein Fächer aus drei halbkreisförmigen Grachten, von schnurgeraden Linien durchzogen und in gleichmäßige Trapeze und Rechtecke eingeteilt.

Vorbild für den Grachtengürtel war ein Polder im Norden, der kurz zuvor trockengelegt und dabei ebenfalls in streng geometrische Flächen eingeteilt worden war: der *Beemster Polder.* Dort wuchs fortan das Gemüse, das auf Amsterdamer Tellern landete, das Holz, mit dem die Stadtmenschen heizten – und dort bauten sich die reichsten Kaufleute auch ihre Sommerresidenzen. In Amsterdam dagegen konnten sie sich nun angemessen an einer von drei neuen Grachten niederlassen: *Prinsen-, Keizer-* und *Herengracht,* von außen nach innen. Wobei die letzte die wichtigste war: die *Herengracht.* Denn in dieser Stadt hatten die Herren, sprich: Bürger, das Sagen.

Auslöser für die Stadterweiterung war der Flüchtlingsstrom aus dem katholischen Süden. Es dauerte nicht lange, und Amsterdam begann aus allen Nähten zu platzen: Innerhalb von 75 Jahren vervierfachte sich die Einwohnerzahl der Stadt – von 50 000 auf 200 000 Menschen.

Die vielen Leben des Jan Six

Auch eine der bedeutendsten Familien Amsterdams stammt von Flüchtlingen ab: die Dynastie der Six. Seit 400 Jahren heißt der erstgeborene Sohn Jan. Der jüngste und zwölfte Jan hat 2013 das Licht der Welt erblickt, der erste wurde 1618 geboren und war ein guter Freund von Rembrandt. Seine Vorfahren stammten aus Flandern und hatten sich 1586 in Amsterdam niedergelassen. Die Sixe sind das berühmteste Patriziergeschlecht der Niederlande. Sie haben nicht nur die Geschichte Amsterdams, sondern auch die des gesamten Landes geprägt – als Regenten und Bürgermeister, Rektoren, Direktoren, Kunstkenner, Sammler, Mäzene und Wissenschaftler. Ihr Sitz ist ein stattliches Herrenhaus mit vierzig Zimmern, die Six-Villa an der Amstel. Nur Auserwählte dürfen sie betreten. Hinter ihren schweren Türen befindet sich eine der legendärsten Kunstsammlungen des Landes, gut 2000 Werke, darunter das Porträt, das Rembrandt um 1654 von seinem Freund Jan Six I. machte. Es gilt als sein schönstes und wird nur ganz selten ausgeliehen. Neben der Kunstsammlung beherbergt die Villa Six auch das Familienarchiv: Zehntausende von Dokumenten, darunter der Briefwechsel, den die frühen Sixe mit George Washington führten.

Der Flüchtlingsstrom sollte Amsterdam unglaublichen Reichtum bescheren. An der Amstel entstand die erste urbane Gesellschaft Europas, der Grundstock wurde gelegt für die moderne niederländische Gesellschaft. Eine selbstbewusste, egalitäre, in der es auf Leistung ankam und nicht auf die Herkunft. Es war auch die erste globalisierte Gesellschaft Europas: Selbst ein ganz einfacher Bürger konnte sich in der jungen Republik Porzellan, Seide und teure Gewürze aus Asien leisten, Zucker aus der Karibik, kostbare Teppiche aus der Türkei.

Es war auch eine Gesellschaft, in der man füreinander sorgte: In der ganzen Stadt wimmelte es einst nur so von Altenheimen, Kranken- und Waisenhäusern, Auffangzentren für Bettler und Obdachlose. Das *Amsterdam Museum* zum Beispiel ist ein ehemaliges Waisenhaus aus dem 17. Jahrhundert, und der *Amstelhof,* in dem sich heute eine Dependance der weltberühmten Eremitage in Sankt Petersburg befindet, war ein Altenheim. Persönlich verwaltet und finanziert wurden all diese sozialen Einrichtungen von den Kaufleuten und Patriziern. Das war damals weltweit einzigartig: Morgens verdienten sie an der Börse ihr Geld, nachmittags oder abends saßen sie in einer Vorstandssitzung im Waisenhaus.

»Das liegt zum einen daran, dass es um die erste Generation von Reichen geht – um Menschen, die rasend schnell wohlhabend geworden sind, aber vor nicht allzu langer Zeit selbst einfache Fischer, Bauern oder Handwerker gewesen waren. Sie fühlten sich nicht elitär«, erklärt mir Paul Spies, ehemaliger Leiter des *Amsterdam Museums* und gebürtiger Amsterdamer, er kennt die Stadt wie seine Westentasche. Zum anderen verbot es der calvinistische Glaube, allzu offensichtlich an sich selbst zu denken und mit seinem Reichtum zu protzen. Wer sich einen guten Platz im Jenseits sichern wollte, demonstrierte auf Erden vorsichtshalber Nächstenliebe. Nicht umsonst sehen sich die Niederländer bis heute als Nation der *koopmannen en dominees:* Wenn der Kaufmann zu sehr ans Geldverdienen denkt, mahnt der Pfarrer zur Nächstenliebe.

Und dann war da noch die pragmatische Toleranz der Bürger: Eine Stadt wie Amsterdam, die vom Handel lebt, braucht Frieden. Ein Volk, das jeden Moment aufbegehren könnte, kann sie sich nicht leisten. Deshalb musste das schlimmste Elend gemildert werden, deshalb war es weiser, eine helfende Hand auszustrecken.

Um den Handel nicht zu gefährden, zahlten die reichen Kaufleute auch brav ihre Steuern – nur dann bekamen die Soldaten ihren Sold und zogen nicht plündernd und vergewaltigend durchs Land, nur dann wurden die Matrosen bezahlt, sodass die Handelsschiffe pünktlich ausfahren konnten. Die damalige Steuermoral war hoch. Man durfte ruhig ein bisschen korrupt sein, aber seine Steuern zahlte man besser – alles, um den Handel nicht zu gefährden und den sozialen Frieden zu wahren.

Aus diesem Grund wurden auch Andersdenkende und Andersglaubende akzeptiert. Sogar die Katholiken. Zwar galten sie in der jungen calvinistischen Republik, die gerade erst das spanische Joch abgeschüttelt hatte, weiterhin als Erzfeind, aber wenn sie ihren Glauben unauffällig ausübten, wurden sie toleriert – *gedoogd*. Die für die pragmatische niederländische Gesellschaft so typische Politik des *gedogens* begann also schon damals.

Das führte zu den sogenannten *Schuilkerken,* den katholischen Geheimkirchen. Eine gibt es noch, die ist zum Museum geworden: *Ons' lieve Heer op Solder,* heißt sie, unser lieber Herrgott auf dem Dachboden. Ein von Deutschland immigrierter reicher Kaufmann ließ sich diese *Schuilkerk* 1661 einrichten, ganz oben unter dem Dach des Speichers in seinem Amsterdamer Patrizierhaus. Als ich dort zum ersten Mal ankam, konnte ich meinen Augen kaum trauen. Was für ein prächtig bemaltes Gewölbe! Auch Altar und Beichtstuhl fehlen nicht. Bis zu 200 Gottesdienstbesucher fanden hier

Platz. Über einen unauffälligen Seiteneingang gelangten sie nach oben. Denn von außen durfte nichts verraten, dass sich hier eine katholische Kirche befand. Erst hundert Jahre später wurde es den Katholiken erlaubt, wieder mit eigenen Kirchen im Straßenbild präsent zu sein.

Amsterdamer Museenwelt

Amsterdam, heißt es, habe die höchste Museumsdichte der Welt. Es gibt ausgefallene und ganz besondere Museen wie das *Museum van Loon,* ein prächtiges Grachtenhaus, in dem sich nachvollziehen lässt, wie ein Patrizier im 17. und 18. Jahrhundert lebte. Dann sind da natürlich das *Amsterdam Museum,* das jüdisch-historische Museum oder das Rembrandthaus. Aber allein schon in den »Großen Drei« am Museumsplatz, dem kulturellen Herzen der Stadt, könnte man Tage verbringen: Im *Van Gogh Museum* befindet sich die weltweit größte Sammlung an Werken des berühmten Malers. Daneben liegt das *Stedelijk,* das 2012 einen spektakulären neuen Flügel bekommen hat, der wie eine überdimensionale weiß glänzende Badewanne, eine *badkuip,* gestaltet ist. Das *Rijksmuseum,* Dritter am Platz und nationale Schatzkammer des Landes, hat sogar ein vollständiges *makeover* bekommen.

Sodom und Gomorrha

Die Geheimkirche *Ons' lieve Heer op Solder* liegt mitten im Amsterdamer Rotlichtbezirk *De Wallen.* Er grenzt an den alten Hafen, wo einst die Schiffe anlegten. Hier gingen die Matrosen an Land, grölten und soffen, tanzten und »rieben ihre dicken Bäuche an den Bäuchen der Frauen«, wie es

Jacques Brel in seinem berühmten Chanson *Dans le Port d'Amsterdam* beschrieben hat. *De Wallen* sind der älteste, meistberüchtigte und kriminellste Teil der Stadt, Menschen- und Drogenhandel blühen. Regelmäßig ist die niederländische Hauptstadt in den letzten Jahren wegen des wachsenden Einflusses der Drogenkartelle und mehrerer Auftragsmorde in die Negativschlagzeilen geraten.

De Wallen gehören aber auch zu den malerischsten und schönsten Ecken von Amsterdam, nirgendwo sind die Gässchen schmaler und die Häuserfassaden schiefer als in diesem mittelalterlichen Labyrinth, das nach den beiden Wällen benannt ist, zwischen denen es entstand: dem *Oudezijds Achterburgwal* und dem *Oudezijds Voorburgwal* (ja, an der Aussprache hat man als Nicht-Niederländer ganz schön zu knabbern).

Das Besondere am Amsterdamer Rotlichtbezirk: Hier gibt es Bordelle, Coffee- und Sexshops, aber auch ganz normale Tante-Emma-Lädchen, Restaurants und Cafés. So wie das *Quartier Putain* (Hurenviertel) gleich gegenüber der *Oude Kerk,* wo schon um acht Uhr morgens Kaffee und frischer Obstkuchen serviert werden – zwischen einer Kindertagesstätte links und den Fenstern von Prostituierten rechts. Von diesen Fenstern ist die *Oude Kerk* umringt. Nachts säumen sie das älteste Gebäude der Stadt wie eine überdimensionale rot leuchtende Halskrause. An Wochenenden ist rund um den Kirchplatz kein Durchkommen mehr, dann schieben sich die Besuchermassen Schulter an Schulter durch die Gassen, dann grölen und saufen statt der Matrosen junge Männer aus ganz Europa, die mit dem Billigflieger angerückt sind und sämtliche Manieren und Anstandsregeln zu Hause gelassen haben. Es sei denn, man ist ganz früh dran, außerhalb der Hauptsaison, unter der Woche, am besten montags. Dann sind die Chancen am größten, von alldem verschont zu bleiben.

Als ich an einem solchen frühen Vormittag im Rotlichtviertel unterwegs bin, sind die Vorhänge hinter den meisten Fenstern rund um den Kirchplatz zugezogen. Auch das Sexkino ein paar Meter weiter ist noch geschlossen. Ich laufe weiter zum *Oudezijds Voorburgwal.* Hoch oben, auf der anderen Seite der Gracht, taucht zwischen zwei weißen Glockengiebeln der helle Haarschopf von Teun van Hellenberg Hubar auf. Er erwartet mich bereits auf seiner Dachterrasse. Der Amsterdamer – ein Jurist Mitte sechzig – bewohnt die obersten beiden Etagen in einem wunderschönen denkmalgeschützten Grachtenhaus. Ich weiß noch, wie ich beim ersten Mal über die Glockengiebel staunte: Sie von unten betrachtend, geht man ganz automatisch davon aus, das Dach habe genau dieselben Umrisse wie sie. Aber wenn man oben steht, sieht man, dass sich dahinter ganz einfach ein Satteldach befindet, da wirken die Glockengiebel wie zwei riesige, in Form geschnittene Teile Pappkarton, die vor die Häuser gestellt wurden – wie die Kulisse eines Potemkinschen Dorfs.

Die Amsterdamer Dachterrassen fallen deshalb weitaus größer aus, als man meinen möchte. Die von Teun van Hellenberg Hubar ist ein grünes Paradies mit Töpfen und Kübeln, in denen üppig blühende pinkfarbene Hortensien gedeihen, ein Schmetterlingsstrauch, Lilien und Zucchini. Natürlich hat er sich hier oben auch eine gemütliche Sitzecke mit einem Panoramablick über die Dachlandschaft der Altstadt eingerichtet. Bloß kann er da nicht so oft sitzen: »Wegen des Lärms!« Den Coronalockdown hätten er und die anderen Wallenbewohner als regelrechte Erlösung erfahren: »Endlich Ruhe! Endlich konnten wir aufatmen!« Nur dürfe jetzt keinesfalls alles wieder so werden wie vor Corona.

Teun van Hellenberg Hubar gehört einer Bürgerinitiative an, zu der sich die Wallenbewohner bereits vor dem Lockdown zusammengeschlossen hatten: *Stop de gekte!* – Stoppt den Wahnsinn! Sie will die Zahl der Touristen – inzwischen fast 23 Millionen pro Jahr – auf 14 Millionen reduzieren und hat dafür einen ganzen Katalog an Maßnahmen zusammengestellt. Die wichtigste ist eine drastische Erhöhung der Touristensteuer für Übernachtungen auf über zwanzig Prozent. Außerdem wollen die Wallenbewohner einen »Hasch-Pass« einführen, damit in den Coffeeshops nur noch einheimische Kiffer bedient werden. Und alle Prostituierten sollen umziehen in ein neu zu bauendes Erotikzentrum anderswo in der Stadt.

Mehr als 30 000 Unterschriften hat die Bürgerinitiative zusammenbekommen – genug, damit sich der Gemeinderat mit den Vorschlägen befassen musste. Nicht ausgeschlossen, dass viele der geforderten Maßnahmen schon bald umgesetzt werden, der Entwurf für ein Erotikzentrum außerhalb der Stadt liegt bereits vor. Denn auch die Stadtregierung wünscht sich seit Langem ein anderes Publikum – mehr Kulturtouristen und weniger Kiffer und Säufer. Ihre Ansätze sind den Wallenbewohnern zwar nicht genug. Aber immerhin, ein Anfang sei gemacht, seufzt Teun van Hellenberg Hubar und schenkt uns auf seiner wunderbaren Terrasse noch ein *kopje koffie* ein: »Warum sollten wir die Touristenmassen als etwas Unabänderliches hinnehmen?« Sie seien schließlich kein Naturphänomen, mit dem man gezwungenermaßen leben müsse, und *De Wallen* nicht der größte Freilichtvergnügungspark der Niederlande. Sondern der älteste und für viele auch schönste Stadtteil von Amsterdam, dessen Bewohner das tun wollen, was die Menschen vor ihnen seit Jahrhunderten getan haben: wohnen, arbeiten, leben.

Von Nieuw Amsterdam nach New York

Wer von *De Wallen* zurückläuft Richtung *Centraal Station* und dabei die *Sint-Nicolaasbasiliek* links liegen lässt, gelangt zum *Schreierstoren,* einem ehemaligen Verteidigungsturm am Hafen. Von seinen Zinnen weinten die Frauen der Seefahrer angeblich den ausfahrenden Schiffen hinterher, denn hier, wo jetzt der Hauptbahnhof liegt, befand sich bis 1880 der Hafen. Alle, die sich ihm von der Stadt aus näherten, blickten auf einen riesigen Wald aus Schiffsmasten. Unglaublich beeindruckend muss das gewesen sein! Auch die *Sint-Nicolaasbasiliek* erinnert daran, denn der heilige Nikolaus ist Schutzpatron der Seefahrer. In Wirklichkeit aber geht der Name des Schreiers-Turms auf den spitzen Winkel zurück, den *schreye hoek,* in dem hier einst zwei Kanäle aufeinandertrafen. Doch die Theorie mit dem Weinen – altholländisch *schreien* – spricht die Fantasie natürlich sehr viel mehr an und hat sich bis heute gehalten.

Eines der Schiffe, die hier ausfuhren, war der *Halve Maen,* der Halbmond. Eine Gedenktafel am *Schreierstoren* erinnert daran. Am 4. April 1609 stach es in See – eine Reise mit schwerwiegenden geopolitischen Folgen. Denn der Kapitän des *Halve Maen* war ein gewisser Henry Hudson aus England. Die VOC hatte ihn angeheuert, um endlich einen kürzeren und damit schnelleren Seeweg nach Indien zu finden. Der Umweg um das Kap der Guten Hoffnung am Südzipfel von Südafrika war sehr umständlich: Sechs Monate dauerte die Reise. Wer bis dahin überlebt hatte, schöpfte wieder Hoffnung – deshalb auch der Name des Kaps. Dort wurden die Vorräte aufgefüllt, und es gab wieder frisches Wasser.

Statt untenherum sollte es Hudson deshalb zur Abwechslung einmal obenherum versuchen, über die Nordostroute an Russland vorbei. Dem eigenwilligen Engländer traute man das zu. Aufgeben kannte er nicht, mit seiner Unnachgiebigkeit hatte er schon mehrere Meutereien an Bord ausgelöst, aber jedes Mal überlebt. Im Hauptquartier der VOC in Amsterdam, dem *Oost-Indisch Huis,* unterzeichnete er den Vertrag.

Doch Hudson hatte so seine eigenen Vorstellungen über den besten Weg nach Asien. Auf See änderte er den Kurs und segelte nach Nordwest. Problemlos überquerte er den Atlantik, stieß dann aber auf den nordamerikanischen Kontinent. Der entpuppte sich als unüberwindbares Hindernis. Hudson landete an der Mündung eines breiten Flusses und segelte unverdrossen flussaufwärts – bis es zu schmal wurde, der *Halve Maen* musste wenden. Unverrichteter Dinge kehrte Hudson nach Amsterdam zurück. Doch schon kurz nach dieser Reise wagten sich die ersten Siedler aus Amsterdam über den Atlantik. Sie ließen sich an den Ufern des von Hudson entdeckten Flusses nieder. Ich brauche euch nicht zu sagen, wie sie den Fluss nannten, oder? Richtig – das ist bis heute der Hudson River. Damals lebte dort der Stamm der Lenape. Denen kauften die Siedler 1626 ein Stückchen Land ab. »Insel der Hügel« soll es geheißen haben, oder in der Sprache der Ureinwohner: *Manahatta.* Dort, wo heute Lower Manhattan liegt, gründeten die Niederländer *Nieuw Amsterdam.*

Sie kamen, um Handel zu treiben, und brachten nicht nur die für sie so typische pragmatische Toleranz mit in die Neue Welt, sondern auch ihre Offenheit und ihren Handelsgeist. *Nieuw Amsterdam* begann zu wachsen und zu blühen. Doch 1667, nach dem zweiten Seekrieg gegen die Engländer, musste *Nieuw Amsterdams* letzter Gouverneur die Stadt dem Gegner überlassen – und die Engländer machten daraus New York.

Doch viele Niederländer gehörten weiterhin zur Oberschicht und spielten im kulturellen und wirtschaftlichen Leben der Stadt eine wichtige Rolle. Man braucht dabei nur an so prominente Familien wie die Roosevelts oder die Vanderbilts zu denken – sie kommen alle aus Holland! Ein schönes Beispiel ist auch der Film »Titanic« mit Leonardo DiCaprio und Kate Winslet von 1997: Er verkörperte den armen Einwanderer, sie ein Mädchen aus besten amerikanischen Kreisen – und deshalb trug sie auch einen niederländischen Namen, Rose DeWitt. Sie repräsentierte die alte Oberschicht, das alte Geld, das immer noch Einfluss hatte, obwohl aus *Nieuw Amsterdam* längst New York geworden war. Und auch die DNA von New York, so betonen die Nachfahren der ursprünglichen Bewohner nur allzu gerne, sei eine holländische: Woher sonst komme es wohl, dass sich die New Yorker so gerne mit Eigenschaften wie Handelsgeist, Kreativität und Toleranz schmücken? Den Holländern zufolge haben sie das alles von ihnen geerbt. »Ohne die niederländischen Siedler«, bestätigt der amerikanische Historiker Russell Shorto, »wäre New York eine ganz andere Stadt geworden. Sie machten aus dem Handelsposten am Hudson ein Abziehbild von Amsterdam.«

Die sprachlichen Spuren der Niederländer in der Weltgeschichte

Was wäre passiert, frage ich mich manchmal, wenn die Niederländer *Nieuw Amsterdam* hätten behalten können – wäre dann *Nederlands* statt Englisch zur Weltsprache aufgestiegen? So aber blieb es bei sprachlichen Spuren, und davon finden sich eine ganze Reihe im *Big Apple:* Die Wall Street, das war früher die *Wallstraat,* die hat also nichts mit einer Wand zu tun, sondern mit einem Wall! Harlem geht auf die niederländische Stadt Haarlem zurück, Brooklyn ist nach Breukelen benannt, einem kleinen Ort bei Utrecht, und Flushing Meadows nach der Hafenstadt Vlissingen. Die Bronx stammt vom niederländischen Familiennamen Bronx, die Bowery vom holländischen Wort für Bauernhof: *boerderij.* Und Coney Island hieß ursprünglich *Konijneneiland* – Kanincheninsel. Ist das nicht faszinierend?

Doch die sprachlichen Spuren beschränken sich nicht auf das Straßenbild: Der *pannekoek* hat den Amerikanern den *pancake* beschert, aus dem *schaatsen*, dem Schlittschuhlaufen, wurde *skating,* aus dem niederländischen *baas* der Boss. Und aus dem holländischen Allerweltsnamen Jan Kees der Yankee. Und Amerikaner essen im Gegensatz zu Engländern keine *biscuits,* sondern *cookies.* Dieses Wort kommt ausschließlich im amerikanischen Englisch vor – eben weil es auf das niederländische *koekje* zurückgeht.

Um ein letztes Beispiel zu nennen: Aus dem Nikolaus, dem *Sinter Klaas,* ist *Santa Claus* geworden – allerdings der Weihnachtsmann und nicht der katholische Bischof, der an seinem Geburtstag die Kinder beschenkt. In den Niederlanden sind das zwei Erzrivalen; in vielen Städten wird Tradition großgeschrieben, da darf der Weihnachtsmann erst Einzug halten, wenn *Sinter Klaas* das Land wieder verlassen hat – also nach dem 6. Dezember.

Daneben gibt es eine ganze Reihe von Wörtern und Bezeichnungen, die weltweit Karriere gemacht haben. Eines ist sogar unverfälscht und unverändert in die Geschichte eingegangen. Auf das sind die Niederländer allerdings am wenigsten stolz: *apartheid.* Viel lieber erinnern sie an die vielen Spuren, die sie als alte Seefahrer- und Fischfangnation in der Weltgeschichte hinterlassen haben. Schon im frühen Mittelalter prägten holländische Fischer in der Nord- und Ostsee die internationale Schifffahrtssprache: Egal, ob Backbord oder Steuerbord, Matrose, Kajüte, Hering, Deck oder Dock – alles sind ursprünglich niederländische Worte: *backboord, stuurboord, matroos, kajuit, haring, dek, dok.* Und sowohl das deutsche Wort Fracht als auch das englische Pendant *freight* gehen auf das holländische *vracht* zurück.

Von den Fischern zu den niederländischen Entdeckungsreisenden: Warum heißt zum Beispiel Tasmanien so? Ganz einfach: weil sein Entdecker Abel Tasman war. Er sollte im Auftrag des Gouverneurs von *Nederlands-Indië* Australien etwas genauer unter die Lupe nehmen – und stolperte dabei am 24. November 1642 über eine Insel, die fortan seinen

Namen tragen sollte. Tasman war auch einer der ersten Europäer, der einen Blick auf Neuseeland warf. Niederländische Kartografen gaben dem Inselstaat den Namen *Nova Zeelandia* – nach der Provinz Zeeland! Genau – die in Deutschland so beliebte Ferienprovinz der Niederlande im Westen mit ihren kilometerlangen Sandstränden.

Noch so ein Ort, den viele von euch wahrscheinlich kennen, ist das pittoreske Hafenstädtchen Hoorn nördlich von Amsterdam am IJsselmeer. Wusstet ihr, dass es Namensgeber für das berühmte Kap Hoorn war, den südlichsten Zipfel Südamerikas? Der niederländische Entdeckungsreisende Willem Corneliszoon Schouten beschloss, es so zu nennen, nachdem er es 1616 umsegelt hatte. Ganz einfach deshalb, weil Hoorn seine Geburtsstadt war.

Es gibt zahlreiche Wörter, über deren niederländischen Ursprung sich auch die Niederländer selbst gar nicht mehr bewusst sind: *Snackbar* etwa kommt von *snakken,* nach etwas schmachten. *Mannequin* von *manneken,* kleine Puppe. Und *Boulevard* von *bolwerk.* Wenn man's weiß, erkennt man's. Apropos, wusstet ihr, dass das englische Wort für Leinwand, *easel,* auf das niederländische *ezel* zurückgeht? Und die Skizze, englisch *sketch,* auf *schets?* Dafür haben im 17. Jahrhundert Maler wie Rembrandt, Jan van Goyen, Jacob van Ruisdael oder Meindert Hobbema gesorgt, als sie ein Meisterwerk nach dem anderen produzierten. Am weitesten hat es dabei dank Landschaftsmalerei das niederländische Wort *landschap* gebracht: Daraus wurde sowohl unsere deutsche Landschaft als auch die englische *landscape. Landschap* kommt von *land schapen,* Land schaffen. Darin sind die Niederländer Weltmeister, weil sie einen großen Teil ihres Landes dem Meer abgerungen haben.

Das Leben mit und auf dem Wasser hat die niederländische Sprache geprägt: Was sich zum Verwechseln ähnlich sieht, gleicht sich nicht aufs Haar, sondern wie zwei Tropfen Wasser – *als twee druppels water.* Wer in Saus und Braus leben kann, hat nicht Geld wie Heu, sondern wie Wasser. Wer auf zwei Hochzeiten gleichzeitig tanzen will, versucht, von zwei Ufern auf einmal zu naschen – *van twee walletjes eten.* Und wenn ich meine Nachbarin Liz darum bitte, während unserer Abwesenheit auf Haus und Garten aufzupassen, dann frage ich sie, ob sie für ein paar Tage das Segel im Auge behalten könne – *een oogje in het zeil houden.* Kein Wunder – wer an die Niederlande denkt, sieht unwillkürlich das Meer vor sich, Deiche, Dämme und Kanäle. Zeit, dass wir uns dem Wasser widmen.

Zwischen Himmel und Wasser

32 Kilometer lang ist er und schnurgerade: der *afsluitdijk*. Er verbindet die Provinz Nordholland mit Friesland, scheint aber ans Ende der Welt zu führen, denn hier gibt es nur noch Wasser und Himmel. Ein paar mutige *fietsers* auf dem Radweg neben der Deichautobahn kämpfen tapfer gegen den Wind an. Die wenigen Autos vor uns verschwinden als kleine Punkte am graublauen Horizont, als ob er sie verschlucken würde. Im Nordwesten erstrecken sich Nordsee und Wattenmeer; rechts von uns, im Südosten, glitzert die ebenfalls unendlich scheinende Wasserfläche des IJsselmeers in der Sonne. Nach ungefähr 15 Kilometern halten wir immer kurz an und steigen aus. Denn in der Mitte des Abschlussdeichs erinnert eine kleine Gedenkplatte daran, dass an dieser Stelle mit Schaufelbaggern die letzte Lücke geschlossen wurde. Am 28. Mai 1932 war das. Die wilde *Zuiderzee,* die Südsee, wie diese einstige Meeresbucht hieß, war endgültig zum IJsselmeer gezähmt worden. Das niederländische *meer* ist ja der deutsche See. *De zee* hingegen ist das

Meer oder die See. Das IJsselmeer müsste bei uns also eigentlich IJsselsee heißen. Wie der Bodensee.

Der *afsluitdijk* gehört zu den drastischsten Eingriffen des Menschen in die Erdoberfläche und soll, das jedenfalls behaupten die Niederländer immer wieder stolz, das einzige Bauwerk neben der Chinesischen Mauer sein, das vom Mond aus zu erkennen ist. Mehr als zwölf Jahre dauerten die Bauarbeiten. Bis zu 5000 Männer wurden jährlich eingesetzt und kämpften gegen Sturm, Wellen und lebensgefährliche Strudel. Sie arbeiteten von drei Punkten aufeinander zu: von den beiden Ufern und von einer künstlichen Insel in der Mitte aus. Moderne technische Hilfsmittel gab es damals noch nicht. Die tiefen Sandrinnen, die Ebbe und Flut im Meeresboden hinterlassen hatten, mussten mühselig mit Schilfrohrmatten gefüllt werden, dann folgten Schichten aus Lehm, der mit Gesteinsbrocken, Sand und Basalt vermischt worden war.

Der Bau hatte große Folgen für Flora und Fauna. Innerhalb von fünf Jahren war das IJsselmeer süß, Gezeiten gab es nicht mehr, Muscheln und Salzwasserfische wie der Hering verschwanden. Auch der Charakter von *Zuiderzee*-Hafenstädtchen wie Hoorn oder Enkhuizen änderte sich. Doch die Menschen nahmen das in Kauf, denn fortan waren sie geschützt. Selbst wenn sie dafür eine ganze Meeresbucht hatten abriegeln müssen. Nie mehr sollte eine Sturmflut so viel Schaden anrichten wie im Januar 1916, als große Gebiete rund um die *Zuiderzee* verwüstet wurden und 16 Menschen ums Leben kamen. Rund fünfzig Kilometer südöstlich von Amsterdam, in dem pittoresken Hafenstädtchen Spakenburg, das damals noch an der *Zuiderzee* lag, schwollen die Wassermassen so stark an, dass die Fischerboote im Hafenbecken von den Fluten in die umliegenden Häuserfassaden geschmettert wurden.

Doch der Schutz, den der *afsluitdijk* diesen Orten gewährt, reicht heute nicht mehr aus – schuld daran sind Klimawandel und steigender Meeresspiegel. Spakenburg hat deshalb eine spektakuläre neue Flutbarriere bekommen – spektakulär deshalb, weil sie nur dann sichtbar wird, wenn sie zum Einsatz kommt, also wenn Gefahr droht: Dann schiebt sich am Kai rund um das Hafenbecken wie von Geisterhand bewegt eine achtzig Zentimeter hohe Mauer aus dem Kopfsteinpflaster. 300 Meter ist sie lang – die längste flexible Flutbarriere der Welt.

Hochwasserschutz vom Feinsten, der bereits in Großbritannien, China und Vietnam nachgebaut wurde. Längst hat sich das Know-how der niederländischen Wasserbaumeister herumgesprochen. Aufgrund des Klimawandels ist es gefragter denn je. Egal, ob in Bangladesch, Thailand oder Australien: Wassermanagement *made in Holland* ist ein Exportschlager. »*Bring in the Dutch!* – Holt die Niederländer«, lauteten die Schlagzeilen der US-Medien 2005, nachdem Hurrikan Katrina über New Orleans hinweggefegt war. Sieben Jahre später erscholl der Ruf erneut, diesmal in New York, wo Hurrikan Sandy großen Schaden angerichtet hatte.

Kein Wunder – keine andere Nation hat sich so erfolgreich dem Wasser gegenüber zu behaupten gewusst wie die Niederländer. Ihr Kampf ist so alt wie das Land selbst. Im göttlichen Schöpfungsplan waren die Niederlande eigentlich nicht vorgesehen. Nicht umsonst besagt ein Sprichwort: »Gott schuf die Welt – und die Niederländer die Niederlande.« Gut ein Drittel des Landes liegt unter Meeresspiegelniveau, an der tiefsten Stelle, in der Umgebung von Rotterdam, sind es gut sieben Meter. Auf dem nationalen Flughafen Schiphol bei Amsterdam immerhin noch fast vier, hier müssten die Nordseewellen also eigentlich rund zwei Meter über den Köpfen der Passagiere zusammenschlagen. Was die Niederländer vor diesem Schicksal bewahrt, ist ein ausgeklügeltes System aus Deichen und Dämmen, Flutwehren und Schleusen, kombiniert mit einer Armada aus Pumpen, die unermüdlich überschüssiges Wasser abführen. Ohne sie könnten die Niederländer nicht überleben, vierzig Prozent des Landes wären überflutet.

Habt ihr euch schon mal gefragt, wie es kommt, dass die Niederländer so flexibel sind, so pragmatisch und lösungsorientiert? Das hat nicht nur mit ihrem sprichwörtlichen Handelsgeist zu tun, sondern eben auch mit dem Kampf gegen das Wasser: Wenn es kommt, muss man schnell sein. Da kann man es sich nicht leisten, zu zögern oder etwas erst einmal auszuprobieren, da muss man handeln. Es hat den Niederländern außerdem einen einzigartigen Beruf beschert, der zu den ältesten des Landes gehört: den des Deichgrafen. Der allererste *dijkgraaf* wurde bereits 1255 ernannt. So wie er vor 800 Jahren leiten seine Nachfolger bis heute eine der 21 *waterschappen,* eine Art regionaler Wasserschutzbehörde. Sie sorgen dafür, dass die Menschen in ihrem Gebiet trockene Füße behalten. Dafür bezahlen die Niederländer *waterschapsbelasting,* eine Wassersteuer.

Die *waterschappen* veranlassen den Bau neuer Deiche und Dämme, kümmern sich um den Unterhalt bereits existierender Hochwasserschutzbauten und wachen über die Trink- und Schwimmwasserqualität. Rund um die Uhr, 24 Stunden am Tag, sieben Tage die Woche. Dabei arbeiten sie eng mit der nationalen Wasserschutzbehörde *Rijkswaterstaat* zusammen, mit Kommunen, Provinzen und der Regierung. Eine einzigartige Kooperation, die weltweit ihresgleichen sucht. Denn die Niederländer erkannten recht schnell: Der gemeinsame Feind, das Wasser, ließ sich auch nur gemeinsam bekämpfen. Es konnte nicht jeder seinen eigenen Deich ums Haus ziehen. Nein, man baute den Deich Hand in Hand und hatte ihn dann eben auch gemeinschaftlich zu verwalten und zu erhalten. Diese geografisch bedingte Tradition des Zusammenhaltens, des Suchens nach Lösungen und Kompromissen sitzt den Niederländern noch heute in den Genen; deshalb ist die niederländische Gesellschaft wesentlich weniger individualistisch als die deutsche oder französische. Hier wird stärker im Kollektiv gedacht. Die *dijkgraven* und Mitarbeiter der *waterschappen* werden alle vier Jahre demokratisch gewählt; die Wahlen finden zusammen mit den Provinzialwahlen statt. Deshalb werden die Niederlande zuweilen auch als *waterdemokratie* bezeichnet – als Wasserdemokratie.

Mehr als eine Milliarde Euro werden inzwischen jährlich für den Hochwasserschutz bereitgestellt. Das Budget wird jedes Jahr aufs Neue festgelegt und nach oben korrigiert. Kein Politiker hat es bisher gewagt, Geld aus diesem Topf für andere Dinge, die ihm dringlicher erschienen, auszugeben – erst recht nicht in Zeiten des Klimawandels, da hat der Hochwasserschutz höchste Priorität. Mit dem Geld werden neue Waffen im Kampf gegen das Wasser realisiert und bereits bestehende Deiche und Dämme verstärkt und erhöht. Auch der *afsluitdijk:* 2025 soll er *climate proof* sein.

Die Katastrophe

Es gibt noch einen Ort, an dem ich mich immer am Ende der Welt wähne. Oder gar auf einem anderen Planeten. Auch da besteht die Welt nur noch aus Himmel und Wasser. Und aus Sand – aus riesigen, leeren, verlassenen Sandflächen. *Finis terrae.* Das ist die *Oosterscheldekering,* das Oosterschelde-Sperrwerk, ein neun Kilometer langer Pfeilerdamm, der nach dem Fluss benannt ist, dessen Mündung er überquert. Der Damm führt über drei künstlich im Meer aufgeschüttete Inseln von einem Mündungsufer zum anderen. Insgesamt besteht er aus 65 mächtigen Pfeilern, ein jeder gut und gerne so hoch wie die in Kathedralen, nämlich vierzig Meter. Bei Hochwasser können die Räume zwischen den Pfeilern mit gigantischen Stahltüren abgeschottet werden. Ansonsten haben die Gezeiten im Unterschied zum *afsluitdijk* freien Lauf, das Salzwasser kann ungehindert in die Oosterschelde fließen, das Flusswasser in die Nordsee. Flora und Fauna blieben erhalten und mit ihnen die Existenzgrundlage der vielen Austern- und Muschelzüchter im Mündungsgebiet. Kein Wunder also, dass der Damm nach seiner Vollendung 1986 – die Bauzeit betrug gut zwanzig Jahre – wie ein achtes Weltwunder gefeiert wurde.

Die *Oosterscheldekering* war der erste große Teil der Deltawerke. Mit dieser Kette aus Deichen, Dämmen und Flutwehren haben die Niederländer ihre Küste im Südwesten abgeriegelt. Auslöser für den Bau war die letzte verheerende Naturkatastrophe des Landes, der *watersnoodramp* von 1953, bis heute nur kurz *de ramp* genannt – die Katastrophe. Mehr als 1800 Menschen kamen ums Leben, als in der Nacht auf den 1. Februar 1953 an den Küsten im Südwesten die Deiche brachen. Das hat die niederländische Gesellschaft tief geprägt: *De ramp* ist bis heute ein nationales Trauma, mit dem sich die Niederländer nicht nur während Gedenkfeiern auseinandersetzen, sondern auch immer wieder in Büchern und Dokumentar- oder Kinofilmen. Ich habe im Laufe der Jahre mehrere Überlebende getroffen und mir ihre Geschichten erzählen lassen. Am meisten berührt hat mich die vom alten Jan.

Wir haben uns an der Stelle verabredet, wo einst sein Elternhaus stand, am Dorfrand von Kortgene, einer 1800-Seelen-Gemeinde in Zeeland, rund neunzig Kilometer südwestlich von Rotterdam. Jan Klement schiebt sich die

Schiebermütze tiefer in die Stirn und lässt den Blick über die weite Polderlandschaft mit friedlich grasenden Kühen schweifen. Als ob eine Riesenhand schwarz-weiße Tupfer übers Grün verstreut hätte. »Diese Aussicht hatte ich damals auch von meinem Dachfenster aus. Ich schlief oben auf dem Speicher«, erzählt der alte Mann und deutet auf den Deich am Horizont mit seiner langen Pappelreihe. »Aus dieser Richtung kam in jener Nacht das Wasser.« Jan war fünfzehn, sein Bruder zehn, die kleine Schwester sechs.

Anzeichen für die Katastrophe hatte es genug gegeben. Der 31. Januar 1953 war ein Samstag, das ganze Land feierte den 15. Geburtstag der damaligen Kronprinzessin Beatrix. Und das Dorf Kortgene obendrein die Einweihung seines neuen Rathauses. Der Grund war so morastig, dass sich viele die guten Schuhe ruinierten. Es hätte Ebbe werden müssen, doch das Wasser blieb stehen. »Kein Grund zur Sorge«, winkte der Bürgermeister ab. Er saß im Dorfhotel beim Frühschoppen, das hat Jan nie vergessen. Zwar hatte der Wetterdienst schweren Sturm mit Hagel und Schnee angekündigt und für die Küste *flink hoog water,* ziemlich hohes Wasser. Doch das waren die Menschen hier gewöhnt. Sie hatten schon schwerere Stürme überstanden.

Aber die waren nicht aus Nordwest, sondern aus Südwest gekommen. Die waren nicht frontal auf die Küste zugerast, eine hohe Wassermauer vor sich herschiebend. Außerdem war es zwei Tage nach Vollmond – das bedeutete Springflut, eine ebenso seltene wie verhängnisvolle Kombination. »Wir hatten keine Chance«, murmelt der alte Jan und vergräbt die Hände noch tiefer in seinen Hosentaschen. »Unsere Deiche waren viel zu schwach.« Denn nach dem Zweiten Weltkrieg und dem Trauma der deutschen Besatzung hatten die Niederländer mit dem Wiederaufbau alle Hände voll zu tun und den Küstenschutz vernachlässigt.

Jan lag in dieser Nacht wie immer oben auf dem Speicher in seinem Bett, seine Eltern und die beiden Geschwister schliefen unten. Es muss so gegen drei Uhr morgens gewesen sein, da wurde er auf einmal wach. »Jan, steh auf«, hörte er seinen Vater rufen. »Das Wasser, das Wasser!« Im Erdgeschoss habe es da schon einen halben Meter hoch gestanden. Nur mit Mühe gelang es den Eltern, die Tür zur Speichertreppe zu öffnen und mit den beiden Jüngsten nach oben zu Jan zu flüchten. »Doch innerhalb einer Viertelstunde stand auch der Dachboden unter Wasser.«

Der alte Mann deutet auf einen großen Baum links neben uns: »Da stand damals ein Kuhstall, der brach wie ein Kartenhaus zusammen. Ich sehe ihn noch heute vorbeitreiben, zusammen mit unzähligen Strohballen.« Auch die Balken seines Elternhauses hätten immer mehr zu ächzen und zu krachen begonnen. »Ich wollte aus dem Fenster springen, auf einen der vorbeitreibenden Strohballen.« Doch sein Vater habe es ihm verboten. »Lasst uns springen, bitte lasst uns springen!«, flehte der Junge seine Eltern an. Aber sie hätten sich nicht getraut. Das Krachen der Balken sei immer heftiger geworden: »Ich weiß nicht, es muss blanker Überlebensinstinkt gewesen sein, jedenfalls konnte mich auf einmal nichts mehr halten. Da bin ich gesprungen.«

Jan verstummt und blickt in die Ferne. Er hat seine Familie nie wiedergesehen. Kurz danach, so erzählten ihm später Augenzeugen, sei auch sein Elternhaus in sich zusammengefallen.

Auf bis zu viereinhalb Meter über Normalnull stieg das Wasser in dieser Nacht. Über eine Länge von 500 Kilometern durchbrach es die Deiche – von Vlissingen im Westen bis nach Rotterdam im Nordosten. 200 000 Kühe, Pferde, Schweine, Schafe und Vögel ertranken. Genauso viele Hektar Land wurden überflutet. Das Wasser machte mehr als

3000 Bauernhöfe und Häuser dem Erdboden gleich und beschädigte weitere 43 000 Gebäude. 1835 Menschen kamen in den eiskalten Fluten ums Leben. 1835 plus 1: Jahre später stellte sich heraus, dass eine Frau in der Katastrophennacht ein Kind zur Welt gebracht hatte, das mit ihr in den Fluten ertrank – es stand noch in keinem Einwohnerregister.

Luctor et emergo heißt der Wappenspruch von Zeeland: »Wir kämpfen, und wir tauchen wieder auf.« Anders ausgedrückt: »Wir lassen uns nicht unterkriegen.« Der Spruch geht eigentlich auf den Unabhängigkeitskampf gegen die Spanier zurück. Aber mindestens genauso gut versinnbildlicht er den Kampf gegen die Naturgewalt Wasser. Und wieder aufgetaucht ist die Nation in diesem Falle in Form der Deltawerke, ihrer Antwort auf die Katastrophe von 1953: Insgesamt dreißig Kilometer neue Deiche und Dämme riegeln seitdem die Küste im Südwesten ab und haben sie um 700 Kilometer kürzer gemacht.

Unbeabsichtigter Nebeneffekt: Aus der einstigen Bauernprovinz Zeeland wurde ein Urlaubsparadies, das auch aus Deutschland jedes Jahr Tausende von Urlaubern anzieht. Denn durch den Bau der Deiche und Dämme wurde die Region mit neuen Zugangswegen erschlossen. Damit wurden sowohl historische Städte wie Middelburg oder das wunderschöne kleine Veere besser erreichbar als auch Küstenorte wie Goes und Yerseke, Renesse oder Domburg. Und mit ihnen die herrlichen Sandstrände, bekannt als zeeländische Riviera.

Im salzigen Land

Zum allerersten Mal in Zeeland war ich kurz nach dem Abitur, als ich wie so viele junge Leute mit einem Interrailticket kreuz und quer durch Europa reiste. Wir wollten von Brügge weiter nach Amsterdam und sind – ich weiß nicht mehr, warum – am späten Abend in Vlissingen gestrandet. Hotels konnten wir uns nicht leisten, die Jugendherberge war voll, das Wetter gut – und so rollten meine Freundin und ich unsere Schlafsäcke kurzerhand in den Dünen aus, das Pfefferspray, damals noch erlaubt, im Anschlag. Wir haben wunderbar geschlafen, und die Aussicht aufs Wasser beim Aufwachen, ich erinnere mich noch genau, war grandios. Es zog gerade ein russisches Containerschiff Richtung Antwerpen an uns vorbei.

Schon damals ist mir aufgefallen, wie weit und flach die Sandstrände in diesem Teil der Niederlande sind. Und wie viele Wasserflächen es gibt – egal, wo wir hinblickten: überall Wasser. Kein Wunder eigentlich: Zeeland besteht in der Hauptsache aus Inseln und Halbinseln und nur einem kleinen Stück Festland, direkt an der belgischen Grenze, da, wo Flandern beginnt. Deshalb heißt dieser Teil *Zeeuws-Vlaanderen,* Zeeländisch-Flandern.

Auf diesem Stück Festland habe ich mir erst vor Kurzem und völlig unerwartet einen lang gehegten Traum erfüllen können: ein verlängertes Wochenende in einem *strandhuisje,* einem Strandhäuschen. Ich hatte eine Reihe von besonders schönen Exemplaren entdeckt, jeweils 25 Quadratmeter auf zwei Etagen, modern und leicht, aus Glas und Stahl. Transparente Boxen mit zwei voll verglasten Fronten, nicht frontal, sondern um neunzig Grad gedreht auf den Strand gestellt, sodass ein überwältigender Panoramablick entstand – sowohl unten im Wohnzimmer als auch und erst recht oben im Schlafzimmer. Der helle Wahnsinn! Wer da oben lag, verschmolz mit Himmel, Strand und Meer.

Aber bis Ende des Jahres war alles ausgebucht. Ich ließ mich auf die Warteliste setzen, gemäß dem Motto in meiner Wahlheimat: *Nooit geschoten, is altijd mis* – nicht geschossen ist immer daneben. Und siehe da: Anfang März kam auf einmal die E-Mail, dass drei Wochen später eines der Häuschen frei sein werde. Eines, in dem auch unsere Labradorhündinnen willkommen waren.

»Ende März?« Dieter guckte sehr skeptisch. »Da ist es doch noch viel zu kalt!« In jedem Falle für Deutsche. Denn die, so hatte mein Mann bereits feststellen müssen, waren im Vergleich zu den Niederländern ziemliche Weicheier. Oder, wie Frostbeulen hier heißen, *koukleumen*. Doch es wurde nicht zu kalt, im Gegenteil.

Wir hatten zwar ein sehr stürmisches Wochenende erwischt, aber so verwandelte der Wind die Wolkentürme am Himmel umgehend in überdimensionale zerzupfte Wattebällchen, die gar nicht erst die Gelegenheit bekamen, sich lange über uns aufzuhalten. Immer wieder blitzte für ein paar Stunden die Sonne raus. Wir konnten uns sogar jeden Tag gegen 17 Uhr zum *borrel* (ihr erinnert euch, der erste gemütliche alkoholische Umtrunk) auf die Terrasse setzen – mit Jacke, aber trotzdem. Oben im Schlafzimmer hingegen wurde es so warm, dass sich ein Pyjama mit langen Ärmeln und Hosenbeinen und erst recht der mobile Heizkörper, den wir vorsichtshalber eingepackt hatten, erübrigten. Und das Ende März!

Unser Timing, begriffen wir recht schnell, war optimal. Nicht nur war unser kleines Häuschen wohltemperiert (im Sommer musste es hier viel zu warm werden), sondern wir hatten den Strand auch noch ganz für uns allein – abgesehen von den Bewohnern der 13 anderen *huisjes* rechts und links von uns. Aber das störte nicht, die Häuschen waren so aufgestellt, dass man sich nicht gegenseitig reingucken konnte – das konnten nur die Strandspaziergänger, die ab und an draußen vorbeiliefen. Trotzdem zog kein einziger *strandhuisje*-Bewohner abends die Vorhänge zu, auch nicht oben im Schlafzimmer. Denn dann hätten wir uns ja das Beste entgehen lassen! Beim Einschlafen das Hereinbrechen der Nacht mitzuerleben, wenn der Himmel dunkelviolett wird und das Mondlicht auf dem Wasser zu schimmern beginnt. Und wir beide mittendrin – als ob unser Doppelbett eine Art fliegender Teppich wäre, auf dem wir zwischen Himmel und Wasser schwebten. Um ein paar Stunden später vom Morgenlicht und dem Kreischen der Möwen wieder geweckt zu werden.

Dann kletterte ich die Leiter runter, holte schnell zwei Becher Kaffee und kroch wieder unter die Bettdecke, um das Panorama zu bewundern. Am ersten Morgen sahen wir der Familie vom *strandhuisje* nebenan zu, wie sie zum Wasser lief. Wollten die etwa schwimmen gehen? Das Wasser hatte bestimmt noch keine zehn Grad! In der Tat entpuppten sich Vater und Sohn als Kaltschwimmer und stürzten sich unerschrocken in die Fluten. Nicht zu fassen! Mit krebsroter Haut, lachend und bibbernd, rannten sie kurz darauf zurück ins Haus.

Kurzum, es waren unvergessliche Tage mittendrin zwischen den Elementen. Einmal stand ich um fünf Uhr morgens auf und lief runter zum Wasser. Es war Vollmond und ganz hell, die *strandhuisjes* warfen schwarze Schatten auf den Sand, unwirklich war es, märchenhaft. Tagsüber machten wir lange Spaziergänge, sahen den Schiffen nach, die vorbeizogen, sammelten Muscheln und Austern, fühlten den Wind auf der Haut und schmeckten das Salz, wenn wir uns mit der Zunge über die Lippen fuhren. Keine andere Provinz, glaube ich, ist so salzig wie Zeeland!

Liegende Eiffeltürme

Natürlich fuhren wir von Zeeland über die *Oosterscheldekering* zurück, für das *Finis-terrae*-Gefühl. Und zum Abschluss unseres Kurzurlaubs zeigte ich Dieter den krönenden Schlussstein der Deltawerke: die *Maeslantkering* in Hoek van Holland. Mit ihr haben die niederländischen Wasserbaumeister 1997 sozusagen noch eins draufgesetzt und am *Nieuwe Waterweg,* der Lebensader des Rotterdamer Hafens, erneut für einen Superlativ gesorgt. Denn die *Maeslantkering* ist das größte bewegliche Sturmflutwehr der Welt – und längst eine Touristenattraktion. Mehr als 80 000 Menschen kommen jedes Jahr und staunen über die gigantischen schneeweißen Stahlrohrkonstruktionen, die wie zwei umgekippte Eiffeltürme kurz vor der Rotterdamer Hafeneinfahrt rechts und links am Ufer liegen. Sie sind auch fast so hoch wie der echte Eiffelturm, oder besser gesagt, genauso lang, weil sie ja liegen: nämlich 240 Meter. Sobald der Wasserspiegel bei Rotterdam um drei Meter über Normalnull zu steigen droht, können sie mithilfe von Kugelgelenken innerhalb einer halben Stunde auf den Kanal hinausgetrieben werden, bis sie in der Mitte aufeinandertreffen und sich berühren. An ihrem unteren Ende befinden sich jeweils 22 Meter hohe Hohlwände. Die werden mit Wasser gefüllt, sinken auf den Grund des Kanals und riegeln ihn ab. Dieser zweite Prozess dauert zwei Stunden. Der Clou: Der Schiffsverkehr zum größten Hafen Europas wird nur bei Hochwassergefahr beeinträchtigt.

Zweimal musste die *Maeslantkering* seit ihrer Fertigstellung geschlossen werden, 2007 und 2018. Aufgrund des Klimawandels wird es dazu in Zukunft allerdings öfter kommen – nicht mehr nur einmal in zehn Jahren, sondern einmal alle sieben oder sogar alle fünf Jahre. Zur Sicherheit findet jedes Jahr eine Testschließung statt. Dann ist der Hügel mit dem Aussichtspunkt direkt neben dem Sturmflutwehr schwarz von Menschen, die sich dieses Spektakel nicht entgehen lassen wollen.

Flut von hinten

Bislang verlief alles problemlos, auch die anschließende Öffnung des Wehrs. Und die ist mindestens genauso wichtig, sonst droht eine Flut von hinten: Das Flusswasser von Rhein und Maas muss ja irgendwohin! Normalerweise fließt der größte Teil mitten durch Rotterdam und gelangt über den *Nieuwe Waterweg* in die Nordsee – ungefähr zwei Millionen Liter pro Sekunde. Wenn es mehr werden oder die *Maeslantkering* geschlossen ist, wird der Großteil des Wassers, kurz bevor es Rotterdam erreicht, nach Westen umgeleitet und über den nächsten Flussarm dort, den *Haringvliet,* in die Nordsee gepumpt. Auch das kommt immer öfter vor, denn der Klimawandel lässt auch die Flüsse anschwellen. Starke Niederschläge und Tauwetter sind die Ursache.

Doch selbst das Jahrhunderthochwasser im Juli 2021 hat im Mündungsgebiet von Rhein und Maas nicht zu schwerwiegenderen Problemen geführt. Im Katastrophengebiet selbst blieb es auf niederländischer Seite weitgehend bei Sachschäden und evakuierten Gebäuden. Auf der anderen Seite der Grenze hingegen, in Deutschland und Belgien, kam es zu verheerenden Verwüstungen und mehr als 200 Toten. Warum nicht in den Niederlanden?

Das liegt daran, dass sich meine neuen Landsleute längst auch auf eine solche Flut von hinten eingestellt haben: Bereits um 2000 wurde ein spezielles Hochwasserschutzprogramm für Flüsse verabschiedet, *Ruimte voor de Rivier,* mehr Raum den Flüssen. Auslöser waren die Beinahekatastrophen 1993 und 1995 im Grenzgebiet rund um Arnheim und Nimwegen gewesen: In beiden Wintern stieg der Pegel des Rheins so hoch, dass die alten Flussdeiche nachzugeben drohten. Im Januar 1995 musste ein Gebiet mit 250 000 Menschen evakuiert werden. »Wir haben unsere Vordertür verriegelt«, erkannten die Niederländer damals, »aber unsere Hintertür offen gelassen.« Sprich: Alle Aufmerksamkeit hatte sich auf die Küste gerichtet, die altersschwachen Flussdeiche waren vernachlässigt worden.

Die wurden seitdem verstärkt und erhöht. Doch mit immer höheren Deichen allein, so schon damals die Einsicht, war es nicht getan. Dann stünde bei einem Deichbruch das Wasser nicht mehr nur im Erdgeschoss, sondern risse gleich das ganze Haus weg. Deshalb wird dem ehemals erklärten Feind überall mehr Raum gegeben. *Leven met water,* lautet die neue Strategie: nicht mehr gegen das Wasser kämpfen, sondern mit ihm leben. Dazu wurden vielerorts Flussnebenarme angelegt, Rückhaltebecken, Auenlandschaften und sogenannte Katastrophenpolder, die im Notfall geflutet werden können. Auch die Bauern im *Overdiepse Polder,* einem Flussauengebiet rund fünfzig Kilometer südöstlich von Rotterdam, haben gelernt umzudenken: Der Deich, der sie bisher vor dem Wasser schützte, wurde nicht erhöht, sondern, im Gegenteil, mehr als drei Meter abgegraben. Damit der Polder, in dem sie leben, bei drohendem Hochwasser geflutet werden kann. Sich selbst haben die Bauern längst in Sicherheit gebracht: Sie sind mit ihren Höfen auf Terpen gezogen – sechs Meter hohe Erdhügel, die zu Inseln werden, wenn der Polder geflutet werden muss. Auch vor den Stadtgrenzen von Rotterdam liegt ein solches Gebiet, das ganz pragmatisch mit dem Bau einer Ruderstrecke kombiniert wurde: Dort fanden 2016 die Ruderweltmeisterschaften statt. Fünf Milliarden Liter Rheinwasser können hier notfalls gestaut, sozusagen zwischengelagert werden.

Auch in den Städten selbst wird zunehmend *met water* gelebt: Der Bau von Tiefgaragen wird genutzt, um gleichzeitig unterirdische Rückhaltebecken anzulegen. Plätze mit unauffällig integrierten Bassins entstehen, die bei Starkregen zu

Teichen werden, in denen die Anwohner ansonsten aber Ball spielen oder Skateboard fahren können. Viele Städte graben ihre Kanäle und Grachten wieder aus, nachdem man sie in den Sechziger- und Siebzigerjahren für den Straßenbau zugeschüttet hatte. Das Wasser kehrt in die Stadt zurück – auch nach Breda, jener Stadt im tiefen Süden des Landes, in der für mich alles anfing.

Aquawohnen

Dem Wasser ohnehin schon knapp bemessenen Lebensraum zurückzugeben ist der alten Handelsnation nicht leichtgefallen, zählt sie doch zu den dichtbesiedeltsten Ländern der Welt. Doch die pragmatischen Niederländer haben entdeckt, wie sie zwei Fliegen mit einer Klappe schlagen können: Längst leben sie nicht mehr nur mit, sondern auch auf dem Wasser. Die gefluteten Polder und künstlich angelegten Rückhaltebecken eignen sich eben nicht nur zum kontrollierten Abführen überschüssiger Wassermassen, sondern auch als Baugrund. Folge: Überall im Land entstehen treibende Gebäude und ganze Stadtviertel, die auf dem Wasser schwimmen, eines der ersten war das *Steigereiland* in Amsterdam. Ihr Fundament sind in der Regel mit Styropor gefüllte Betonwannen. Dass sie an Ort und Stelle bleiben, dafür sorgen Ringe, mit denen sie an Pfählen festgemacht sind. Außerdem können sie sich so problemlos dem Wasserspiegel anpassen. Immer mehr Architekten spezialisieren sich auf *waterwoningen,* auf Wasserwohnungen, und das sogenannte Aquawohnen. Ihre Zukunftsvision: Städte auf treibenden Plattformen, die wie Eisschollen hin und her geschoben werden können.

Der tiefe Süden

Breda – wo alles begann

Ich wohnte in Breda keine 300 Meter von der gotischen Kathedrale entfernt, der *Onze lieve Vrouwekerk*. Ich weiß noch, wie sehr mich das mit Freude erfüllte: Ich lebte nun in einer Stadt mit einer richtigen Kathedrale, so wie ich sie von altfranzösischen oder flämischen Städten wie Antwerpen kannte. Einer rund 600 Jahre alten Kreuzbasilika mit filigranen Türmen aus steingewordener Spitze, die nicht umsonst als schönstes und elegantestes Beispiel der Brabanter Gotik gilt. Fortan sollte mein Herz jedes Mal ein bisschen höherschlagen, wenn ich von Heimatbesuchen am Bodensee zurückkehrte und schon von Weitem den Turm der Kathedrale sah, der sich 97 Meter hoch aus der flachen Landschaft erhob. *Avec des cathédrales pour uniques montagnes* … Schöner als Brel kann man es nicht formulieren!

Die *Onze lieve Vrouwekerk* oder auch *Grote Kerk* ist das Wahrzeichen der historischen Festungsstadt und liegt im Herzen der Altstadt, gleich neben dem *Grote Markt,* dem geselligen Marktplatz mit seinen vielen Kneipen und Terrassen. Um ihn zu erreichen, musste ich eine Ringstraße samt Parkplatz überqueren, ein Gebiet, das zu meinem Erstaunen *Oude Haven* hieß, alter Hafen. Seit 2007 trägt es diesen Namen wieder zu Recht: Das Wasser ist in die Stadt zurückgekehrt, der Parkplatz verschwunden. Dort macht sich wieder der *Oude Haven* breit, zusammen mit der *Nieuwe Mark,* einer Gracht, die dafür sorgt, dass auch die inzwischen verkehrsberuhigte Ringstraße wieder korrekt und angebracht *Prinsenkade* heißt, Prinzenkai.

Als ich das alles zum ersten Mal sah, konnte ich meinen Augen kaum trauen: Auf dem Wasser herrschte ein fröhliches Treiben, Rundfahrtschiffe zogen vorbei, aber auch Paddel- und Schlauchboote. Auf den Stegen und Anlegern saßen Menschen in der Sonne. Und zwischen dem hellen Grün der Laubbäume am anderen Ufer blitzten die bunten Sonnenschirme der vielen Caféterrassen hindurch. Was können eine Gracht und ein Hafenbecken doch zur Steigerung der Lebensqualität einer Stadt beitragen, unglaublich! Die *Parel van het Zuiden,* die Perle des Südens, wie die 180 000 *Bredanaars* ihre Stadt stolz nennen, war noch lebenslustiger, noch schöner geworden, eine Stadt zum Reinlegen und Sichwohlfühlen – und immer noch ein Geheimtipp!

Ich weiß noch, wie ich hier vor meinem Umzug in die Niederlande in den Neunzigerjahren zum ersten Mal zu Besuch war und über den *Grote Markt* mit seinen schiefen mittelalterlichen Häusern lief. »Hier muss heute irgendein Feiertag sein!«, dachte ich mir angesichts der voll besetzten Terrassen und der vielen Menschen, die durch die Sträßchen bummelten. Aber es war kein Feiertag, es war ein ganz normaler Wochentag. Es ging immer so zu in Breda. Ich war im katholischen Süden der Niederlande gelandet – da, wo weniger ans Geldverdienen gedacht wird als bei den nüchternen

Calvinisten im Norden und wo Lebenslust und Genießen ganz großgeschrieben werden. Da, wo viel mehr gefeiert wird als oben an der Küste und auch das Zeitgefühl ein anderes ist. Motto: Morgen ist auch noch ein Tag.

In keiner anderen niederländischen Stadt – behaupten jedenfalls die *Bredanaars* – soll es so viele Kneipen pro Quadratmeter geben. Als katholische Stadt feiert Breda natürlich auch den Karneval, es gilt als eine der Hochburgen. Dann herrscht vier Tage lang Ausnahmezustand. Viele meiner Freundinnen in Breda tanken Tage im Voraus Schlaf, um nonstop durchfeiern zu können.

Ich habe meine Jahre in Breda als sehr unbeschwert in Erinnerung behalten. Was die Lebensfreude betrifft, hätte ich mir keinen besseren Start in meiner neuen Heimat wünschen können. Und auch historisch gesehen war Breda ein idealer Ausgangspunkt. Denn, und das wissen auch viele Niederländer nicht: Breda ist *Oranjestad,* hier liegen die Anfänge der Nassauer in den Niederlanden. Das *Kasteel van Breda,* heute Sitz der Militärakademie, war ihr niederländisches Stammschloss. Während des Unabhängigkeitskriegs gegen die Spanier war Breda mehr als fünfzig Jahre lang Zankapfel zwischen Aufständischen und Spaniern und geriet abwechselnd mal in die eine, dann wieder in die andere Hand.

Eine der berühmtesten Episoden des achtzigjährigen Kriegs spielte sich im *Oude Haven* ab, sozusagen vor meiner ehemaligen Haustür: Dort liegt ein mächtiges, vom Wasser umschlossenes Stadttor mit zwei Türmen, nach der Kathedrale das zweite Wahrzeichen der Stadt: *het Spanjaardsgat,* das spanische Loch. Durch dieses Loch soll 1590 – die Stadt war mal wieder in spanischer Hand – ein gewisser Adriaan van Bergen mit seinem Torfschiff geschlüpft sein. An Bord befand sich allerdings kaum Torf, nur eine dünne Lage ganz oben. Darunter hatten sich im Schiffsbauch 75 Soldaten versteckt. In der Nacht vom 3. auf den 4. März 1590 kletterten sie an Land, holten Verstärkung und sorgten dafür, dass die Rebellen die Stadt zurückerobern konnten. Schon damals galt diese List als moderne Variante des Trojanischen Pferdes und erfüllte die Aufständischen mit großem Stolz. Die Spanier hingegen sollen vor Wut geschäumt und den Feind des unehrenhaften Falschspiels bezichtigt haben.

Schon 35 Jahre später allerdings befand sich Breda wieder in spanischer Hand: Feldherr Ambrosio Spinola hatte die Stadt zwei Jahre lang belagert und ausgehungert. Am 5. Juni 1625 kapitulierten die *Bredanaars.* Der bekannte spanische Maler Diego Velázquez hat das 1634 auf dem Gemälde »Die Übergabe von Breda« festgehalten.

Ein Ende hatte das Hin und Her erst 1648 mit dem Westfälischen Frieden. Fortan gehörte Breda endgültig zum Norden. Bis heute jedoch fühlen sich die Bürger viel mehr mit den Menschen auf der anderen Seite der nur zehn Kilometer entfernten Grenze zu Belgien verbunden als mit ihren Landsleuten weit oben in den nördlichen Provinzen. Dass dies nicht von ungefähr kommt, davon zeugen auch die Liebfrauenkirche und der *Grote Markt:* Sie gleichen viel mehr den Marktplätzen und Kirchen belgischer Städte wie Löwen oder Antwerpen als denen von Leiden oder Amsterdam.

Het ander Nederland

Hollandsch Diep heißt ein tiefer und bis zu zwei Kilometer breiter Flussarm rund dreißig Kilometer südlich von Rotterdam. Hier haben sich Waal und Maas vereint, um in die Nordsee zu fließen. Am südlichen Fuß der Autobahnbrücke steht die monumentale und zugleich filigrane Statue einer

Frau, die auf den Wellen zu tanzen scheint und mit weit ausgebreiteten Armen das nördliche und südliche Ufer miteinander zu verbinden versucht – sozusagen ein Brückenschlag.

Wie viele von den Tausenden Autofahrern, die das *Hollandsch Diep* täglich überqueren, dieses Symbol der Verbundenheit wohl bemerken? Ich wette, es sind nicht viele. Die meisten dürften einfach vorbeirasen. Oder sie werden abgelenkt von der gigantischen Wasseroberfläche, die sie überqueren. Mir jedenfalls geht das immer so. Wer aus dem Norden kommt, aus Rotterdam oder Den Haag, hat unwillkürlich das Gefühl, eine Grenze zu passieren. Als würde er die Niederlande verlassen. Daran hat auch die Statue bis heute nichts ändern können.

Denn hier beginnt der tiefe Süden der Niederlande, *het land beneden de grote rivieren,* das Land unter den großen Flüssen. Hier beginnt die Provinz Nordbrabant. Einst war sie Teil des mächtigen Herzogtums Brabant, das sich von seiner Hauptstadt Brüssel im Süden über Löwen, Antwerpen und Breda bis hin nach Den Bosch im Norden zog. Doch beim Westfälischen Frieden 1648 wurde Brabant in zwei Teile zerrissen: Der Norden gehörte fortan zur Republik der Vereinigten Niederlande, der Süden liegt im heutigen Belgien.

Es war ein geschundenes Stück Land, das die Aufständischen dazugewannen. Ein Land, das fünfzig Jahre lang an der Frontlinie gelegen hatte und immer wieder von mordenden, vergewaltigenden und plündernden Soldaten heimgesucht worden war – egal, auf welcher Seite diese nun gekämpft hatten. Und wirklich befreit dürften sich die Menschen in der Nordhälfte auch nach 1648 nicht gefühlt haben: Mehr als 150 Jahre lang sollten sie als Bürger zweiter Klasse gelten, die weniger Rechte hatten, aber mehr Abgaben und Steuern zahlen mussten als die Bürger *boven de grote rivieren.* Die schwelgten im Reichtum und erlebten ihr Goldenes Zeitalter. Unterhalb der Flüsse hingegen war die Armut groß und von goldenen Jahren herzlich wenig zu spüren. Ähnliches galt für die pragmatische Toleranz, die man im Norden Andersgläubigen gegenüber walten ließ, um den Handel nicht zu gefährden: Im Süden wurden Katholiken – und das war die Mehrheit der Bevölkerung – aus Ämtern enthoben und unterdrückt.

Nordbrabant und auch das noch weiter im Süden liegende Limburg waren keine vollwertigen Provinzen und nicht in der Regierung der jungen Republik vertreten, in den *Staten-Generaal*. Sie waren bloß sogenannte *generaliteitslanden,* die nichts zu melden hatten und – so hat es ein Brabanter einst bitter formuliert – wie eine Art interne Kolonie verwaltet wurden. Erst beim Wiener Kongress 1814 wurden sie zu den *Staten-Generaal* zugelassen.

Inzwischen haben sich die beiden südlichen Provinzen emanzipiert. Sie sind vollkommen gleichgestellt und selbstbewusst genug, mit ihrem Anderssein zu kokettieren. Sie sind *het ander Nederland* – die anderen Niederlande. Da, wo die Sprache weicher wird und das G nicht mehr so kratzt. Da, wo die Volkskultur eine andere ist, wo ausgelassen gefeiert und getanzt wird. Nicht umsonst heißt es, die Menschen hätten hier zwei Wohnzimmer: eins zu Hause und eins in der Kneipe. Sprüche von Nordlichtern, die Südländer seien nur gut in den beiden Kneipensportarten Billardspielen und Darten, nehmen die Brabanter gelassen in Kauf – und berufen sich darauf, dass keine andere niederländische Provinz so viele erfolgreiche Radrennsportler hervorgebracht hat wie Nordbrabant. Ob das wohl an der abwechslungsreichen Natur liegt, in der sie trainieren können?

Tatsache ist, dass Nordbrabant nicht nur Sand und Wasser zu bieten hat, sondern auch zauberhafte Heidegebiete und

Wälder wie den *Mastbos* bei Breda, einen jahrhundertealten Kiefernwald. Gleich fünf Nationalparks stehen Naturfreunden zur Auswahl, darunter die *Loonse en Drunense Duinen,* auch Sahara von Brabant genannt, und der *Biesbosch,* eines der wenigen Süßwasserdeltas Europas. Ein 9000 Hektar großes Wasserparadies zum Wandern und Kanufahren, in dem es Biber gibt, die inzwischen mehr als hundert Burgen gebaut haben, Eisvögel und sogar See- und Fischadler. Kein Wunder, dass es *birdwatchers* aus ganz Europa hierherlockt! Mein Freund Vincent und seine Frau Moniek verziehen sich auch regelmäßig mit dem Zelt für ein Wochenende in den *Biesbosch,* um tiefenentspannt wieder aufzutauchen.

Die dunkle Seite von Nordbrabant

Nirgendwo sonst in den Niederlanden werden so viele illegale Hanf-Plantagen, XTC-Labore und Crystal-Meth-Küchen entdeckt – in leer stehenden Schweineställen und Lagerhallen, Kellern, Speichern und auf Schiffen. Was Nordbrabant für Drogenkartelle attraktiv macht: Die Provinz ist dünn besiedelt, die Grenze zu Belgien nah, das Autobahnnetz gut ausgebaut, die Häfen von Antwerpen und Rotterdam sind gut erreichbar und die Strafen für Drogendelikte in den Niederlanden relativ niedrig.

Spannende Architektur und innovatives Design

Wenn Niederländer aus dem Norden über das Land unter den großen Flüssen sprechen, spüre ich so manches Mal einen herablassenden Unterton – einen Hauch zwar nur, aber genug, um festzustellen, wie schwer es ist, längst vergangene Strukturen völlig auszulöschen. Angebracht ist das allerdings nicht mehr: Dafür sorgen moderne Brabanter Städte wie Eindhoven, die ein wichtiger Wirtschaftsfaktor geworden sind. Die »Lichtstadt« ist mit ihren 200 000 Einwohnern fünftgrößte Stadt der Niederlande und wird immer noch in einem Atemzug mit Philips genannt, jenem Weltkonzern, den Gerard Philips Ende des 19. Jahrhunderts nach erfolgreichen Experimenten mit Glühbirnen gründete. Generationen von *Eindhovenaren* haben bei Philips gearbeitet, in einer Wohnung von Philips gelebt und beim PSV gekickt, der *Philips Sport Vereniging,* heute ein erfolgreicher Fußballclub, der 1913 von und für Philips-Mitarbeiter gegründet wurde.

Doch Eindhoven ist nicht mehr nur Synonym für Philips, sondern auch für Innovation. Grund dafür ist der *Brainpark,* ein Zusammenschluss von 5000 Tech- und IT-Firmen. 2019 wurde die Stadt von der EU-Kommission im *Cultural and Creative Cities Monitor* sogar zur innovativsten Europas gekürt! Und damit nicht genug. Eindhoven hat sich zudem weltweit als Designstadt einen Namen gemacht: Hier finden jedes Jahr im Herbst die *Dutch Design Week* und das Lichtkunstfestival GLOW statt, und hier hat die weltberühmte *Design Academy* ihren Sitz, die schon so bekannte Absolventen hervorgebracht hat wie Maarten Baas, Jurgen Bey, Hella Jongerius und Piet Hein Eek, einen Holländer, der in Brabant hängen geblieben ist.

Eek hat sich darauf spezialisiert, aus alten, abgenutzten Materialien wunderschöne neue Dinge zu erschaffen, die nicht nur auf Design- und Kunstmessen zu sehen sind, sondern auch in Museen wie dem *MoMA* in New York. Am Stadtrand von Eindhoven, auf dem Gelände einer ehemaligen Philips-Fabrik, hat er sich mit seinen rund hundert Mitarbeitern ein eigenes 11 000 Quadratmeter großes Universum erschaffen – mit Ateliers, Büros, Vertriebs- und Verkaufsräumen, mit Werkstatt, Manufaktur, Restaurant und obendrein einer riesigen *Wonderkamer,* wo neben den Arbeiten zeitgenössischer Künstler und Fotografen auch seine eigenen Entwürfe zu sehen sind. Egal, ob Abfallholz, Industrieschrott, Textilrestposten, ausrangierte Türen oder Fenster: Wie kein anderer weiß Eek das, was andere wegwerfen und als ausgedient betrachten, in neue Produkte zu verwandeln. Designfans sollten es sich nicht entgehen lassen, sein Universum in Eindhoven zu besichtigen.

Habt ihr Lust auf mehr bekommen? Dann solltet ihr einen Abstecher in die alte Textil- und Wollstadt Tilburg machen, ungefähr auf halber Strecke zwischen Breda und Eindhoven. Denn auch Tilburg kennt viele alte Fabrikhallen, die aufregend neu genutzt werden. Eines der schönsten Beispiele befindet sich seit 1992 am Wilhelminapark, unter dem Dach einer ehemaligen Wollspinnerei: *De Pont,* eines der weltweit erfolgreichsten privaten Museen für zeitgenössische Kunst und zugleich eines der *best kept secrets.* In aller Stille, ohne viel Aufhebens hat der erste Direktor Hendrik Driessen innerhalb von drei Jahrzehnten eine hochkarätige Sammlung aufgebaut. Finanzielle Basis ist das Vermächtnis des 1987 verstorbenen niederländischen Geschäftsmannes Jan de Pont. Inzwischen umfasst die Sammlung mehr als 800 Werke von 80 Künstlern: angefangen bei Marlene Dumas, Roni Horn und Wolfgang Laib über Gerhard Merz und Sigmar Polke bis hin zu Gerhard Richter, Bill Viola oder Anish Kapoor. Für viele von ihnen ist *De Pont* der Geburtsort ihrer Karriere: Hier begann sie für Bildhauerin Berlinde De Bruyckere aus Gent zum Beispiel, für Fiona Tan und Jeff Wall. Für Museumsdirektoren ist das Tilburger Museum längst Vorbild geworden – auch für Nicholas Serota: Bevor er in London in einem ehemaligen Kraftwerk an der Themse seine Tate Modern eröffnete, hat Serota mehrmals *De Pont* besucht und sich inspirieren lassen.

Viel Aufsehen über die Grenzen der Niederlande hinaus erregte auch eine zweite Tilburger Fabrikhalle: die *LocHal,* eine gigantische ehemalige Wartungshalle für Lokomotiven – und seit 2019 eine Bibliothek. Aber was für eine! Die Zeitung *NRC Handelsblad* bezeichnete die *LocHal* als *Centre Pompidou* von Tilburg. Ich bin mir sicher, dass auch ihr staunen werdet, wenn ihr zum ersten Mal reinkommt: Da ist eine riesige Treppenlandschaft entstanden mit Palmen, Kissen und beweglichen Lesetischen, die auf den alten Schienen zu einer Bühne oder einem Catwalk zusammengeschoben werden können. Wer Ruhe braucht, muss die Höhe suchen: Oben gibt es »Laboratorien«, in die man sich zurückziehen kann. Diese Bibliothek gehört zum innovativen Gesicht von Nordbrabant – rau, experimentell, spannend.

Aber Nordbrabant ist die Provinz der Gegensätze: Sie hat auch eine pittoreske, eine romantische Seite: Dafür sorgen historische Ortschaften und Städte wie Breda, Bergen op Zoom, das Festungsstädtchen Heusden – und natürlich Den Bosch: mit 150 000 Einwohnern nur viertgrößte Stadt nach Eindhoven, Tilburg und Breda, und trotzdem die Provinzhauptstadt. Eigentlich heißt die Stadt 's-Hertogenbosch, aber die Niederländer sagen kurz und knapp Den Bosch. Denn so wie aus 's-Gravenhage Den Haag wurde, ist aus 's-Hertogenbosch (Der Wald des Herzoges) Den Bosch entstanden.

Viele Kunstfreunde unter euch werden sich jetzt fragen: Den Bosch, ist das nicht die Stadt, in der 2016 die Jahrhundertausstellung über Hieronymus Bosch stattfand? Diesen geheimnisvollen Künstler, der auf der Schwelle vom Spätmittelalter zur Renaissance stand? Der auch 500 Jahre nach seinem Tod nichts von seiner Faszination eingebüßt hat?

Ganz richtig! Denn auch Hieronymus Bosch war ein Brabanter.

Gnome und Dämonen

In Den Bosch, damals ein wichtiges Zentrum von Handel und Klerus, wurde er um 1450 geboren und ist dort 1516 auch gestorben, vermutlich kinderlos. Ein selbstbewusster Mann, der sich seines Könnens bewusst war und als einer der Ersten seine Werke signierte – mit seinem Künstlernamen Hieronymus Bosch. Eigentlich hieß er Jeroen van Aken. Doch damit man ihn sofort fand, wollte er so heißen wie die Stadt, in der er wirkte und in der alle seine Werke entstanden. Aus Jeroen – noch heute ein niederländischer Allerweltsname – machte er die lateinische Version Hieronymus, das klang anspruchsvoller, humanistisch.

Wer auf seinen Spuren wandeln will, muss in die *Sint-Janskathedraal* von Den Bosch, ebenfalls ein Meisterwerk der Brabanter Gotik. Ihre Strebepfeilerfiguren, 96 an der Zahl, sind einzigartig in der Welt: Gnome, Dämonen und Wasserspeier, die ihre Mäuler aufreißen. Es heißt, Hieronymus Bosch habe sich von ihnen inspirieren lassen.

Der geheimnisvolle Künstler hat sowohl den Bau der Kirche miterlebt als auch die 14. Sitzung des Ritterordens vom Goldenen Vlies, die darin 1481 stattfand. 1488 wurde er in die Bruderschaft »Unserer Lieben Frau« aufgenommen, eines ebenso frommen wie elitären Clubs, dem nur die angesehensten Bürger angehörten. Er hatte seine eigene Kapelle an der Nordseite der Kathedrale, die heutige Sakramentskapelle. Dorthin begab sich Bosch mit den anderen Brüdern zur Messe. Dort hingen seine beiden Tafeln mit Johannes dem Täufer und Johannes dem Evangelisten, die sich heute in Berlin und Madrid befinden. Und dort fand am 9. August 1516 auch seine Totenmesse statt.

Auf dem Marktplatz von Den Bosch hat Hieronymus Bosch ein Denkmal bekommen, eine mächtige Bronzeskulptur. Der alte Meister hält eine viel zu groß geratene Palette in der Hand und macht ein ernstes Gesicht. Dabei wissen wir gar nicht, wie er ausgesehen hat. Es gibt nur eine Zeichnung, die posthum um 1600 erschien. Auf mehreren seiner Gemälde taucht das schmale, blasse Gesicht eines geheimnisvollen Mannes auf, auf der »Anbetung der Könige« guckt er aus einem Stallfenster. Es heißt, dies seien Selbstporträts von Bosch.

Das Finden neuer überraschender Formen und Motive galt als sein Markenzeichen. Die fliegenden Fische zum Beispiel. Oder die Kopf-Füßler: Köpfe auf Füßen, die auf mehreren Höllendarstellungen auftauchen. Schon Albrecht Dürer stellte angesichts des Œuvres seines zwanzig Jahre älteren Kollegen erstaunt fest, dass »dergleichen nie zuvor gesehen noch erdacht ward«.

Seine Heimatstadt besitzt kein einziges Werk von ihm. Aber das gesamte Œuvre kann in Form von hochwertigen fotografischen Reproduktionen in Originalgröße bewundert werden, und zwar im Turm der ehemaligen Jakobskirche, heute das *Jheronimus Bosch Art Center.* Aufgeteilt ist es in die Kategorien Himmel, Heilige, Menschen und Hölle. Mit dem Himmel geht es ganz oben in vierzig Meter Höhe los und von da runter in die Hölle. Im Kirchenschiff schweben riesige Fantasiefiguren aus Boschs Gemälden: fliegende Fische, Hexen, ein Soldat, der auf einem Fisch reitet und aus dem »Garten der Lüste« stammt. Im Keller der Kirche wähnt sich der Besucher vollends im Mittelalter – da wurde das Atelier des Künstlers rekonstruiert.

Es befand sich einst am Marktplatz, an der schickeren Nordseite, wo sich Bosch nach seiner Heirat mit der Patriziertochter Aleid van de Meervenne 1480 ein Wohnhaus mit Atelier leisten konnte. Das Haus mit der Nummer 61 ist heute ein Schuhladen, vom ursprünglichen Gebäude ist nur der Keller übrig geblieben. Aufgewachsen ist der Künstler ein paar Meter weiter an der Südostseite, gleich hinter seiner imposanten Bronzeskulptur, im Haus mit der Nummer 29. Dort soll demnächst das *Huis van Bosch* eröffnet werden, ein Museum und Dokumentationszentrum. In diesem Haus hat Bosch auch das Malen gelernt. Sein Großvater und Vater, seine Brüder, Onkel und Cousins – alle waren Maler und haben hier gearbeitet. Im ersten Stock, mit Aussicht auf das Markttreiben, soll sich das Atelier befunden haben. Aber auch hier ist nur noch der Keller so wie zu Boschs Zeiten. Er wird im neuen Museum für multimediale Präsentationen benutzt werden.

Die Keller in dieser Stadt sind sowieso interessant. Denn anders als Amsterdam oder Utrecht hat Den Bosch unterirdische Grachten, die unter den Häusern hindurchfließen. Viele Bewohner gelangten über ihre Keller zu ihren Booten. Der Anblick von dunklen Gewölben über schwarz glänzendem Wasser und hellem Licht am Tunnelende war ihnen vertraut. Es heißt, das habe Bosch zu seinen Jenseits-Darstellungen inspiriert. Wer das nachempfinden will, sollte eine Bootsfahrt auf der *Binnendieze* machen, so werden sämtliche Grachten und Flüsschen innerhalb der Stadtmauern genannt. Ich garantiere euch, diese Tour durch das jahrhundertealte Kanalsystem, das zwischen hohen mittelalterlichen Mauern hindurchführt, unter Brücken und unter ganzen Gebäuden, ist eine Grachtenfahrt der völlig anderen Art! Sie führt auch an der Anlegestelle unterm Rathaus mit dem Standesamt vorbei. Frischvermählte können hier unten im Keller dann buchstäblich in das Boot der Ehe steigen, in das *huwelijksbootje,* wie es in den Niederlanden heißt. Denn während man in Deutschland in den angeblich sicheren Hafen der Ehe fährt, sind die Niederländer da, wie ich finde, etwas realistischer: Die Ehe ist eine Bootsfahrt, und das *bootje* kann je nach Wind und Wellengang kentern.

Falls ihr jetzt eine kleine Stärkungspause braucht: Kein Problem, so wie in Breda wimmelt es auch in Den Bosch nur so von gemütlichen Kneipen, Cafés und Restaurants – eines uriger als das andere. Naschkatzen sollten einen *Bossche Bol* probieren, eine Art riesiger, mit Schokolade überzogener Windbeutel. Auch Biertrinker kommen auf ihre Kosten: Nirgendwo sonst in den Niederlanden gibt es so viele Brauereien wie in Nordbrabant – und in Den Bosch natürlich auch ein Hieronymus-Bosch-Bier!

Sobald ihr zu Kräften gekommen seid, möchte ich mit euch auf den Brabanter Spuren eines weiteren großen Künstlers wandeln. Oder besser gesagt: *fietsen*. Seid ihr bereit?

»Es wird immer etwas von der Brabanter Heide in uns bleiben«

Er scheint zwischen Wiesen und Feldern ins Nichts zu führen, dieser Radweg am Dorfrand von Nuenen, einer kleinen Gemeinde nordöstlich von Eindhoven. Die Dämmerung ist bereits hereingebrochen, aber es ist immer noch nicht dunkel genug. Wir müssen uns in Geduld üben.

Dann endlich ist es so weit: Wie von Zauberhand berührt, beginnt der Radweg zu schimmern. Hunderttausende speziell entwickelter Glassteinchen, die in den Asphalt eingearbeitet wurden und tagsüber Licht aufsaugen, leuchten auf – in den Farben Gelb und Blau. So wie auf der »Sternennacht«, dem berühmten Gemälde von Vincent van Gogh.

Von diesem Meisterwerk hat sich der bekannte Rotterdamer Designer Daan Roosegaarde beim Entwickeln des selbstleuchtenden Radwegs inspirieren lassen. Wie ein funkelnder Teppich mäandert er beim Dorfausgang von Nuenen durch die Nachtlandschaft – als Teil eines ganzen Netzes aus

Radwegen in Nordbrabant, insgesamt fast 450 Kilometer. Sie sind aufgeteilt in verschiedene Touren, mal länger, mal kürzer, die zu Stationen führen, die im Leben von Vincent van Gogh eine Rolle spielten. Nach Tilburg, wo er seine ersten Zeichenstunden bekam, oder nach Eindhoven, wo er selbst seine ersten Schüler unterrichtete. Denn auch Vincent van Gogh war ein echter Brabanter. »Es wird immer etwas von der Brabanter Heide und dem Brabanter Acker in uns bleiben«, schrieb er in einem seiner vielen Briefe an seinen Bruder Theo.

Die wichtigsten Punkte seines Lebens in Nordbrabant sind Nuenen und sein Geburtsort Zundert, eine Kleinstadt an der belgischen Grenze. Im dortigen Kunst- und Kulturzentrum *Vincent van Gogh* können Kunstfreunde die ersten 16 Lebensjahre des Malers nachverfolgen. Es befindet sich an der Stelle, wo einst das Pfarrhaus stand, in dem die Familie lebte und Vincent am 30. März 1853 geboren wurde. Die Kirche hingegen, in der Vincents Vater predigte, kann noch besichtigt werden. Auch den Kirchgarten, in dem Vincent als Kind mit seinen fünf jüngeren Geschwistern herumtollte, gibt es noch. Und auf dem Friedhof liegt das Grab seines älteren Bruders. Er hieß ebenfalls Vincent und wurde auf den Tag genau ein Jahr vor ihm geboren, starb aber während der Geburt. »Vincent van Gogh, 30. März 1852«, steht auf dem Grabstein. Beklemmend. Und ein bisschen unheimlich.

Mit 16 verließ Vincent 2 sein Elternhaus und streifte durch Europa. London, Paris, die belgische Bergbauregion Mons. Um im Dezember 1883, mittlerweile dreißig Jahre alt, wieder im Schoße der Familie Schutz zu suchen – in Nuenen, wo seine Eltern inzwischen lebten. Er kam aus dem Osten der Niederlande, aus Drenthe, wo er eigentlich Landschaften hatte malen wollen. Doch stattdessen wurde er krank. Ratlos und ohne einen Cent klopfte er am Pfarrhaus seiner Eltern an.

»Pa und Mam haben mich genauso gerne wieder bei sich aufgenommen wie einen räudigen Hund«, schrieb er seinem Bruder Theo, »einen großen wilden Hund, der mit seinen nassen Pfoten alles dreckig macht.« Trotz der Konflikte mit seinem Vater blieb er 23 Monate – 23 Monate und 3 Wochen, wie in Nuenen gerne betont wird. Denn nirgendwo sonst hat es Vincent van Gogh im Laufe seines Lebens so lange ausgehalten wie hier – auch nicht in Paris, da waren es nur 22 Monate. Es gefiel ihm sehr in dem Brabanter Dorf, wegen der vielen Bauern und Weber, die dort wohnten und deren Leben er idealisierte: Er wollte nur allzu gerne einer von ihnen sein. Gleichzeitig wurde ihm in Nuenen klar, dass er nie wirklich dazugehören und immer ein Außenseiter bleiben würde: Als Pfarrerssohn gehörte er einer anderen Klasse an.

Die Zeit in Nuenen war die produktivste seines Lebens, ein Viertel seines Œuvres entstand hier – 194 Gemälde und 313 Zeichnungen, darunter auch »Die Kartoffelesser«, *»De aardappeleters«,* das Meisterwerk seiner niederländischen Jahre, das heute im Amsterdamer *Van Gogh Museum* hängt. Es hat Nuenen den Beinamen *aardappeleter-dorp* eingebracht. Der Innenraum auf dem Gemälde stammt aus dem Bauernhaus der Familie de Groot, an dem Vincent in Nuenen oft vorbeilief. Von der Identität der Menschen am Tisch steht nur die der jungen Frau links mit Sicherheit fest: Gordina de Groot, sie hat Vincent oft als Modell gedient.

Wie genau die Kartoffelesser entstanden sind, kann im *Vincentre* nachvollzogen werden, einem Kunstzentrum im ehemaligen Rathaus, wo sich Vincent bei seiner Ankunft 1883 einschreiben ließ: Hier können Besucher in die Welt von van Gogh eintauchen und erfahren, wie der Maler in Nuenen lebte und das Dorf damals aussah.

Die Van-Gogh-Rad- und -Wandertouren führen auch am Pfarrhaus vorbei und am Atelier, das er sich in Nuenen gemietet hatte. Am Grab seines Vaters, der auf dem städtischen Friedhof liegt, und am Haus des Postbeamten, wo er fast täglich Briefe an seinen Bruder Theo abgab. Fast 140 hat er in den knapp zwei Jahren in Nuenen geschrieben. Weitere Etappen sind die Orte, an denen der Künstler einst seine Staffelei aufstellte, etwa um die drei Wind- und Wassermühlen am Dorfrand zu malen. Sie zählen zu den 14 Bauten in Nuenen, die van Gogh mindestens einmal gezeichnet hat. Das Dorf war für ihn eine Art Freilichtmuseum, nirgendwo sonst finden sich so viele Gebäude und Landschaften, die er auf seinen Werken festgehalten hat, wie in Nuenen.

Eines seiner Lieblingsmotive muss die kleine Kirche gewesen sein, in der sein Vater predigte, er hat sie mehrmals gemalt und gezeichnet. Eine ganz schlichte protestantische Saalkirche, 1824 erbaut, mit Platz für achtzig Menschen. Heute finden dort Ausstellungen statt, Konzerte und Taufen. Auch für Trauungen ist die kleine Kirche ein sehr beliebter Ort. Eine Freundin von Ina und mir hat dort geheiratet und einem Brabanter das Jawort gegeben. Es war schon etwas ganz Besonderes, den kleinen Kiespfad zum Eingang hinaufzulaufen und sich vorzustellen, wie Vincents Vater einst in die Kirche ging, manchmal den Sohn im Gefolge, der dem Gottesdienst sicher ab und zu beiwohnte.

Ebenfalls besonders war der Wunsch, den unsere Freundin Evelyn hatte: Es mochte nicht ihr erstes Jawort sein und wir alle waren seitdem etwas in die Jahre gekommen, sie wollte auch nur champagnerfarben heiraten und nicht mehr in Weiß. Aber im großen Stil sollte es schon sein, klassisch mit allem Drum und Dran, auch einer Schar von *bruidsmeisjes.* Ina und ich waren dazu gerne bereit. Aber Evelyn hatte noch einen Extrawunsch: Alle *bruidsmeisjes* sollten ein angemessen festliches Kleid tragen, das dieselbe Farbe hatte wie ihr Brautkleid: Champagner.

Ich weiß noch, wie Ina und ich uns etwas ratlos anschauten. Wo in aller Welt sollten wir das auftreiben? Es blieben uns noch knapp zwei Monate.

Aber wir fanden eine Lösung. Eine, an die ich sehr gerne zurückdenke. Dann tauche ich in die Erinnerung ein – und bin wieder mittendrin.

Limburg und Maastricht: Tiefer geht's nicht

Mediterranes Flair

»Welche sollen wir Dolf schicken und welche Dieter?«, fragt Ina und hält mir einen Schwung Ansichtskarten vor die Nase. Wir sitzen in Maastricht nach einem erfolgreichen Einkaufsbummel auf dem *Vrijthof* im Schatten der mächtigen *Servaasbasiliek* bei einem wohlverdienten *kopje koffie* und tun das, was auch im WhatsApp-Zeitalter viele Holländer nach wie vor tun, wenn sie in Maastricht gelandet sind: Wir schicken eine Ansichtskarte nach Hause. Und so wie viele ihrer Landsleute macht sich auch Ina einen Spaß daraus, bei der Adresse nicht nur Straße und Stadt zu vermelden, sondern auch noch dick und fett und doppelt unterstrichen das Land drunterzuschreiben, *the Netherlands* oder *Pays Bas.* Weil sich Besucher aus den Gebieten *boven de grote rivieren* in Limburg immer vorkommen wie im Ausland. »Wie in Italien«, findet Ina. Polder, Dünen und Nordsee scheinen auf einmal 2300 und nicht 230 Kilometer entfernt. Schließlich ist es in Limburg durchschnittlich fünf Grad wärmer als an der Küste.

Deshalb wächst hier bereits seit Langem Wein – weit vor dem Klimawandel. Außerdem waren hier einst die alten Römer: Sie haben Maastricht als Handelsposten an der Maas gegründet, als *Mosae Trajectum,* also eine Stelle, wo die Maas überquert werden kann. Und Römer seien letztlich Italiener, findet Ina und schreibt deshalb dick und fett OLANDA auf die Ansichtskarten.

Es war auch ein römischer Dichter, der das Lebensmotto der ältesten Festungsstadt der Niederlande geprägt hat – Horaz mit seinen wohl berühmtesten zwei Worten: *carpe diem.* In der Regel werden sie als kleine Warnung gebraucht: Vergiss nicht, das Hier und Jetzt zu genießen! In Maastricht geht das wie von selbst.

An den Ständen der Markthändler vor uns auf dem *Vrijthof* türmen sich Melonen, Nektarinen und prallrote Tomaten. Es riecht nach Erdbeeren und Pfirsichen. Kindheitserinnerungen an Südtirol werden wach, an die Märkte in Bozen und Meran, wo es auch diese großen, diese unglaublich saftigen Pfirsiche gab. Wir fangen französische, flämische und deutsche Sprachfetzen auf. Kein Wunder, Aachen und Lüttich sind nur zehn Autominuten entfernt: Wie ein dicker Wassertropfen hängt die Provinz Limburg an den Niederlanden und schiebt sich mit ihrer Hauptstadt Maastricht ganz im Süden zwischen Belgien und Deutschland. Südlicher geht nicht. Und Limburg ist nicht nur die südlichste, sondern – wenn es diese Steigerungsform denn gäbe – auch die »anderste« Provinz der Niederlande. Mehr anders geht nicht. Hier gibt es fast nichts, das dem traditionellen Holland-Bild entspricht.

Das fängt schon bei den Häusern an: Das Straßenbild ist nicht geprägt von roten Backsteinreihenhäusern, nein – hier finden sich auch verputzte Fassaden und Fachwerkhäuser. Es gibt für niederländische Begriffe sogar richtige Berge. Dafür sorgen Ausläufer der Ardennen und der Eifel. Der höchste Gipfel der *Dutch Mountains* ist der Vaalserberg im Dreiländereck ganz im Süden, er bringt es auf stattliche 322,5 Meter. Für so manchen Restaurantbesitzer hoch genug, um seiner Gaststätte kühn den Namen Zur Bergsicht zu verpassen. In Limburg gibt es sogar einen *Dutch Mountain Trail* über die sieben steilsten Gipfel, 101 Kilometer lang, zwischen Weinreben hindurch, über Holzbrücken und Bäche, vorbei an Wiesen mit grasenden Kühen, die an Alpenweiden erinnern.

Denn ausschlaggebend ist nicht die Höhe, sondern die Steigung. Und die, so habe ich mir sagen lassen, sei mit elf und manchmal sogar vierzehn Prozent so wie in den Alpen. Auch die Serpentinen fehlen nicht. Niederländische Wohnwagenurlauber, die sich auf ihre Ferien in den Alpenländern vorbereiten wollen, können deshalb in Limburg ein Wohnwagenbergtraining absolvieren. An einem habe ich mal teilgenommen – und ich kann euch nur sagen: Bei einer Steigung von elf Prozent anzufahren und ein Auto mit Anhänger hoch auf den Berg zu kriegen ist gar nicht so leicht. Gas geben bis 2000 Umdrehungen habe ich gelernt, Kupplung langsam kommen lassen, Handbremse runter – und dann los!

Limburg ist also die unholländischste und obendrein zweitjüngste Provinz der Niederlande (zur allerjüngsten später mehr). Erst seit dem Wiener Kongress 1815 gehört sie dazu. Wegen ihrer großen Steinkohlevorkommen war sie wirtschaftlich von Bedeutung. Vor allem rund um Heerlen wurde um 1900 ein Bergwerk nach dem anderen aus dem Boden gestampft. Doch die Ausbeutung der Gruben wurde schnell unrentabel, vor allem wegen der Konkurrenz aus dem Ausland. In den 1960er-Jahren beschloss die Regierung deshalb, die Gruben stillzulegen. 1974 wurde die letzte geschlossen. Wirtschaftliche Probleme und Armut waren die Folge. Und viel Verbitterung: Die Limburger fühlten sich von Den Haag im Stich gelassen und drehten dem Norden enttäuscht den Rücken zu.

Maastricht, c'est chic!

Daran hat sich bis heute nicht viel geändert. Die Menschen blicken hier vorzugsweise gen Süden. Noch mehr als die Nordbrabanter betonen sie ihr Anderssein. Französische Einflüsse etwa werden gepflegt: Gabel heißt nicht *vork,* sondern *fourchette,* auf vielen Briefkästen steht *lettres,* auch der berühmteste Entertainer von Limburg, Walzerkönig André Rieu, hat einen französischen Namen, und König Willem Alexander lässt sich in Limburg nicht wie in den anderen elf Provinzen durch einen *Commissaris van de Koning* vertreten, sondern durch einen *Gouverneur.* Es hat ein kleines bisschen was vom Freistaat Bayern.

Mittlerweile gehört Limburg nicht mehr zu den ärmsten Provinzen des Landes, sondern zu den wohlhabendsten. Denn hier wächst das weiße Gold, der Spargel. Er hat kräftig mitgeholfen, dass sich Limburg zur Erholungs- und Schlemmerprovinz entwickelt hat. Und hier findet jedes Jahr im März die feinste und teuerste Kunst- und Antiquitätenmesse der Welt statt, die *European Fine Art Fair,* kurz Tefaf genannt. Egal, ob Rembrandt, Rubens oder Tintoretto – wenn ein alter Meister auf den Markt kommt, dann auf der Tefaf. Für diese Messe der Superlative heben sich die Händler ihre besten Stücke auf. *Het neusje van de zalm,* wie das Feinste vom Feinen auf Niederländisch heißt: das Näschen vom Lachs. Und so manchem Kunstliebhaber wird schwindlig angesichts der Masse an hochkarätigen Meisterwerken, auf die er sonst nur in Museen trifft. Für Sammler, Museumsdirektoren und Konservatoren aus aller Welt ist die Tefaf ein Muss.

Folge: In den Garderoben der Messehallen türmen sich im März zehn Tage lang die Pelzmäntel, auf den Parkplätzen machen sich Jaguare und Bentleys mit Genfer, Brüsseler, Luxemburger oder Kölner Kennzeichen den Platz streitig und auf dem Flughafen Maastricht-Aachen die Privatjets aus Asien und den USA. Sämtliche Hotels in Maastricht und Umgebung sind Monate im Voraus komplett ausgebucht. Denn, und das ist der Trumpf der Tefaf, die Messen in New York, Paris oder London besucht man, wenn man ohnehin in der Stadt ist. Nach Maastricht hingegen – für jemanden aus New York oder London in *the middle of nowhere* – begibt man sich ganz bewusst. Und wer sich schon die Mühe macht, die Anreise auf sich zu nehmen, bleibt auch länger. Damit es sich lohnt. Zum Schlemmen und zum Shoppen. Auch in dieser Hinsicht hat Maastricht *het neusje van de zalm* zu bieten: So wie die Französinnen und Belgierinnen legen auch die Maastrichter Frauen Wert auf feminine Eleganz. Anders als über den großen Flüssen, wo sie vorzugsweise Hosen und robustes Schuhwerk tragen – höchstwahrscheinlich, weil es sich damit besser *fietsen* lässt –, sind hier unten verspielte Kleider, figurbetonte Kostüme und Pumps angesagt.

Als feinste Shoppingmeile gilt die *Stokstraat* im gleichnamigen Viertel, wo es geradezu von schönen Galerien, Antiquitätengeschäften, Boutiquen und Juwelieren wimmelt. Dabei war dieses Viertel einst völlig heruntergekommen und verfallen, mit vielen Bordellen und zwielichtigen Kneipen. Es sollte ursprünglich abgerissen werden, stattdessen wurde es liebevoll saniert. Dabei kamen wunderschöne Giebel und Fassaden zum Vorschein.

Auch Ina und ich haben uns einen Bummel durch die *Stokstraat* nicht entgehen lassen. Das ist ja der Grund unserer Reise: Um auf der Hochzeit unserer Freundin Evelyn angemessen gekleidet als *bruidsmeisje* zu erscheinen. Champagnerfarben. Wenn uns das irgendwo gelingen würde, da waren wir uns sicher, dann in Maastricht! Und so war es dann auch: Ina erstand ein wehendes Tunika-Kleid mit Goldbordüren, ich eines mit Paillettenoberteil und Tüllrock, beide champagnerfarben, versteht sich. Dazu hinreißende Riemchensandalen mit Glassteinchen und Pfennigabsatz. Perfekt! »Wehe, Evelyn fängt an zu meckern, weil wir der Braut jetzt die Show stehlen!«, meinte Ina auf dem Weg zum *Vrijthof* zufrieden.

Nach der Kaffeepause dort sind wir erst mal ins Hotel zurück, um die Einkaufstaschen abzustellen. Wir haben eines von sieben Zimmern in einem reizenden Boutiquehotel in einem Seitensträßchen mitten in der Altstadt gebucht, mit leuchtend orangefarbenen japanischen Koi-Karpfen im hoteleigenen Teich und umgeben von viel zeitgenössischer Kunst, denn das Hotel ist zugleich auch Galerie. Die meisten Arbeiten hängen in der ehemaligen Kapelle, wo unter gotischem Kreuzrippengewölbe das Frühstück serviert wird.

Alte Gemäuer, neu genutzt

Für Maastricht ist das nicht weiter ungewöhnlich, die Stadt hat mehr als 1400 historische Gebäude zu bieten, von denen viele längst zweckentfremdet wurden. Zu den beiden spektakulärsten Beispielen zählt eine ehemalige Dominikanerkirche aus dem 13. Jahrhundert mitten im Zentrum. Sie stand leer und wurde schon seit Langem nicht mehr als Kirche benutzt. Deshalb zog dort eine Buchhandlung ein – aber was für eine! Die englische Zeitung *Guardian* hat sie zur schönsten der Welt gekürt: *made in heaven*. Auch Ina und ich reißen die Augen auf angesichts der meterhohen Bücherwände, die unter dem prachtvollen Kreuzrippengewölbe des Kirchenschiffs in den Himmel zu wachsen scheinen. Wer schwindelfrei ist, kann oben auf einer Galerie – dem Himmel ganz nah – nach noch mehr Büchern stöbern. In der Apsis wurde eine Kaffeeecke mit einem großen kreuzförmigen Tisch eingerichtet. Dort kommen wir mit zwei älteren Damen ins Gespräch, beide weit über achtzig, die sich hier regelmäßig auf *een kopje koffie* treffen und typisch niederländischen Pragmatismus unter Beweis stellen. »Was soll man denn machen, wenn diese Bauten überflüssig werden, weil es immer weniger Christen gibt?«, meint die eine. Ihre Freundin kann ihr da nur beipflichten: »Das ist immer noch besser als Abriss!« Dann erkundigt sie sich, ob wir uns das *Kruisheren*-Kloster schon angesehen haben: »Das wäre andernfalls auch abgerissen worden!«

Goddeloos – von Gott los

Die Niederländer kennen keine Kirchensteuer, die Kirchen sind abhängig von den Spenden ihrer Mitglieder. Die jedoch werden immer weniger, ein calvinistisches Bollwerk wie nach der Abspaltung vom katholischen Spanien im 17. Jahrhundert ist das Land schon lange nicht mehr. Die größte Glaubensgemeinschaft sind mit 20 Prozent die Katholiken, den protestantischen Kirchen gehören nur noch 15 Prozent der Bevölkerung an, die Muslime liegen mit 5 Prozent auf Platz drei. Am stärksten ist die Gruppe der Nicht-Religiösen: 2017 waren sie mit knapp 51 Prozent erstmals in der Mehrheit. Folge: Hunderte von Kirchengebäuden sind überflüssig geworden. Sie werden abgerissen, weil sie im Weg stehen und verfallen, oder aber bekommen eine neue Funktion: als Tanzschule, Laden, Hotel, Café oder Kindertagesstätte.

Diese ehemalige Klosteranlage aus dem 15. Jahrhundert samt gotischer Kirche steht als Nächstes auf unserem Besuchsprogramm. Denn dort ist ein Fünf-Sterne-Luxushotel eingezogen. Geschlafen wird im Klosterteil hinter bunten Bleiglasfenstern. Frühstück und Abendessen werden direkt unter dem gewaltigen Kreuzrippengewölbe auf einem Zwischengeschoss serviert, das im Kirchenschiff zu schweben scheint. Sämtliche Eingriffe können rückgängig gemacht werden, auch der gläserne Lift, der auf das Zwischengeschoss führt, denn das Gebäude ist denkmalgeschützt. Wieder kommen wir aus dem Staunen nicht heraus und beschließen, uns vor dem Abendessen in einer der Seitenkapellen einen Aperitif zu genehmigen, wo für diesen Zweck einladende Designersessel aufgestellt wurden. »Wir erkennen meistens sofort, wer hier zum ersten Mal ist«, erzählt die junge Bedienung. Niederländer seien in der Regel begeistert, Besucher aus dem Ausland, vor allem aus Osteuropa, würden sich da schwerer tun. »Manche finden das respektlos.« Und die Deutschen, will ich wissen? »Die sind immer hin- und hergerissen zwischen Bewunderung und Entsetzen«, kommt die Antwort. Ina kann es kaum glauben: *»Echt waar?«* Aber ich als Nicht-Niederländerin weiß, dass der Pragmatismus meiner neuen Landsleute zuweilen gewöhnungsbedürftig ist.

Wir genießen unseren *borrel,* sozusagen mit Gottes Segen, der hier trotz allem nach wie vor spürbar ist, aber für das zweite Glas und auch das Abendessen ziehen wir um auf den *Onze Lieve Vrouweplein,* den Platz der Liebfrauenkirche, deren trutzige Treppentürme sich in den lauen Sommerabend strecken. Auf diesem kleinen Platz mit seinen vielen Terrassen unter hohen Laubbäumen, umgeben von mittelalterlichen Häuschen, komme ich mir wirklich vor, als wäre ich bereits in Italien.

Hier schließen wir den Abend ab, um am nächsten Morgen ein letztes Mal unter gotischem Kreuzrippengewölbe und umringt von zeitgenössischer Kunst zu frühstücken. Dann packen wir unsere Siebensachen zusammen, verabschieden uns von den Karpfen und brechen zum anderen Maasufer auf. Dort haben europäische Architekten wie Mario Botta, Alvaro Siza und Cruz y Ortiz in den letzten Jahrzehnten das Stadtviertel Céramique entstehen lassen, mit Büros, Läden, Wohnungen, Hotels, einem Kulturzentrum und dem *Bonnefantenmuseum,* einem der ersten markanten Bauten am Ostufer und sein neues Wahrzeichen. Der Name kommt aus dem Französischen, von *bons enfants,* denn ursprünglich befand sich das Museum in einem ehemaligen Kloster, wo einst Waisenkinder aufgenommen wurden. 1995 bekam es am anderen Maasufer einen Neubau. Der 1997 verstorbene Mailänder Stararchitekt Aldo Rossi (ein Italiener, völlig klar) entwarf einen klassischen und streng geometrischen Bau aus drei Flügeln – wie ein E – mit hohen, geschlossenen Backsteinfassaden, die an einen Schiffsrumpf erinnern. Die offene Seite des E ist der Maas zugewandt, um Verbundenheit mit dem Wasser zu demonstrieren. Am Ende des mittleren Flügels ragt eine für Turmliebhaber Rossi typische Kuppel in den Himmel, 32 Meter hoch und zinkverkleidet. Sie soll allen Seeleuten wie ein Leuchtturm als Erkennungszeichen dienen, wird aber von den Maastrichtern ganz ungeniert als Getreidesilo, Fieberzäpfchen oder *piemel* bezeichnet. Drinnen befindet sich eine bunte Mischung an Kunst, angefangen bei mittelalterlichen Skulpturen über italienische, flämische und niederländische Gemälde von Bruegel, van Dyck und Rubens bis hin zu Zeitgenössischem – amerikanischer Minimalismus, italienische Arte Povera und Concept Art.

Wir tanken uns voll mit Kunst, genießen die Aussicht über die Maas und ziehen dann ein Stück weiter flussaufwärts zu einer Halbinsel, wo sich das sogenannte Gouvernementsgebäude befindet, der Amtssitz der Limburgischen Provinzialbehörde. Dort haben wir uns für eine Führung angemeldet, denn in diesem Bau schlug die Geburtsstunde des Euro, hier wurde am 7. Februar 1992 der Vertrag von Maastricht geschlossen. Er gilt als Meilenstein auf dem Weg zu einer gemeinsamen Außen-, Sicherheits- und Währungspolitik. Aus der EG wurde die EU. Und das in Maastricht, der europäischsten aller niederländischen Städte, im *Statensaal,* einer Art Aula mit einem kleinen Tisch in der Mitte. Eine Bronzeplakette in der Tischplatte erinnert an das Ereignis.

Wir lassen uns auch den Plenarsaal zeigen, wo die damals noch zwölf Regierungschefs zwei Monate zuvor am 9. und 10. Dezember 1991 an einem großen runden Tisch verhandelt und nach Kompromissen gesucht hatten. Umgeben von einer Armee an Sicherheitskräften, NATO-Stacheldraht und Tauchern in der Maas. Dadurch aber sei die Halbinsel so sicher gewesen, dass der französische Präsident François Mitterrand in jeder Pause ungestört draußen seine Runden drehen könne. Er sei der eifrigste Spaziergänger unter den zwölf gewesen, erfahren wir.

Durchbruch im Weinkeller

Was den Regierungschefs bei den ebenso intensiven wie zähen Verhandlungen auf die Sprünge geholfen haben soll, war ein inzwischen legendäres Mittagessen zum Abschluss dieses Gipfeltreffens. Es fand rund vier Kilometer vor den Stadttoren an einem Hang im lieblichen Jekertal statt, wo man bei klarem Wetter bis nach Lüttich gucken kann. Hier liegt die allerfeinste Adresse von Maastricht und der krönende Abschluss unseres kleinen Städtetrips: Château Neercanne.

In diesem einzigen Terrassenschloss der Beneluxländer mit seinen prachtvollen Barockgärten, die auf der Liste des UNESCO-Kultur- und -Naturerbes stehen, haben im Dezember 1991 auch die zwölf EG-Regierungschefs die typische Maastrichter Lebensfreude kennengelernt. Die damalige Königin Beatrix hatte zum Mittagessen geladen. Eine leichte Gastgeberin sei sie allerdings nicht gewesen, verrät uns Peter Harkema, der das Château Neercanne 35 Jahre lang als Direktor geleitet und dieses denkwürdige Mittagessen miterlebt hat. »Die Königin brachte alles von zu Hause mit – Tische, Stühle, Tafelsilber, sogar einen Koch.« Der habe es immerhin dabei belassen, dem Chefkoch des Neercanne über die Schulter zu schauen.

Zum Abschluss begab sich die illustre Gesellschaft in den Weinkeller. Er liegt in einer Mergelhöhle im Berghang hinter dem Schloss. Vorsichtig tappen wir hinunter, unsere Augen müssen sich erst an die Dunkelheit gewöhnen, Kronleuchter und Lampen haben die Stärke von Kerzenlicht. Die Wände sind übersät mit Inschriften. Denn dieses Steingemisch ist so weich, dass die Besucher des Neercanne die Wände traditionell als Gästebuch missbrauchen dürfen. Auch die EG-Regierungschefs haben hier ihre Unterschriften hinterlassen: Ruud Lubbers, Wilfried Martens, entziffern wir, Poul Schlüter, Kohl, Mitterrand. Und hier sei das Eis dann auch endgültig gebrochen, die Weine hätten ihre Wirkung nicht verfehlt und dem Euro die Geburt wesentlich erleichtert. Am Schluss hätten sich alle auf die Schultern geklopft. Vor allem Helmut Kohl habe sich prächtig amüsiert, und am liebsten wäre die muntere Truppe noch länger geblieben.

Wir tun, was ihnen versagt blieb. Wir bleiben einfach noch ein Weilchen und genießen auf der Terrasse neben dem Springbrunnen die wunderschöne Aussicht über Barockgärten und Jekertal. *Carpe diem.* In *Mosae Trajectum.*

Vernunftehe: die Niederländer und Europa

Als Gründerväter Europas galten die Niederländer lange Zeit als Mustereuropäer. Höhepunkte dieser Phase waren die beiden EG- bzw. EU-Gipfel in Maastricht 1991 und Amsterdam 1997, die zu den gleichnamigen Verträgen führten – Meilensteine auf dem Weg der europäischen Einigung. Doch die EU wurde mehr und mehr als Bedrohung wahrgenommen – für Arbeitsplätze, Geldbeutel und die Souveränität. Auch die Tatsache, dass die Niederländer zu den Nettozahlern der Union gehörten, löste große Empörung aus. Aus den einstigen Mustereuropäern wurden Neinsager. Man denke an das niederländische *Nee* zur EU-Verfassung 2005 und an das zweite *Nee* zum Assoziierungsabkommen mit der Ukraine 2016. Gleich zwei rechtspopulistische Parteien machen gegen Europa mobil und streben einen Nexit an, sprich: einen EU-Austritt der Niederlande: die Partei für die Freiheit PVV von Geert Wilders und sein Konkurrent Thierry Baudet und dessen Forum für Demokratie.

Aber dafür sind die Niederländer als alte Exportnation viel zu pragmatisch: »Wenn man einbezieht, was unsere Wirtschaft in und an Europa verdient«, rechnete das *NRC Handelsblad* vor, »dann kommen für jeden Euro, der nach Brüssel geht, zwölf Euro zurück. Kein schlechter Deal.« Von Liebe oder Leidenschaft kann keine Rede sein, vielmehr ist es wie bei einer Vernunftehe: Alles in allem halten es die meisten Niederländer doch für das Beste, in der EU zu bleiben.

Das Hoch im Norden

Groningen

Der nördliche Gegenpol zu Maastricht und Limburg ist Groningen, womit sowohl die Provinz als auch ihre gleichnamige Hauptstadt gemeint sind. *Er gaat niets boven Groningen,* pflegen die Menschen hier oben im hohen Norden zu sagen: Es geht nichts über Groningen. *Noordkaap* heißt der nördlichste Punkt der Provinz. Der Groninger Künstler René de Boer hat hier ein 2,5 Meter hohes begehbares Kunstwerk aus Cortenstahl auf den grünen Deich gestellt. Im Volksmund wird es *Hemelpoort* genannt, Himmelspforte. Wer auf diesem Aussichtspunkt steht, hat freie Sicht aufs Wattenmeer. Irgendwo am Horizont muss Borkum liegen, das ist bereits Deutschland.

Groninger gelten als ruhig und nüchtern, *down to earth.* Vom Rest des Landes werden sie gerne als dickköpfig bezeichnet und, weil sie so wortkarg sind, zuweilen als barsch. Was aber nicht heißen muss, dass Lebensfreude hier kleingeschrieben wird. *Er gaat niets boven Groningen* ist bei Weitem nicht nur geografisch gemeint. Insbesondere die rund 230 000 selbstbewussten Einwohner der Provinzhauptstadt finden, dass dies auch im übertragenen Sinne zutrifft – was die Lebensqualität angeht. Denn Groningen ist berühmt-berüchtigt wegen seiner Kneipen- und Theaterszene. Hier gibt es keine Sperrstunde, und deshalb scheuen die Bürger auch den Vergleich mit Frank Sinatra und New York nicht: Groningen ist die *city that never sleeps.*

Das liegt vor allem an den vielen jungen Menschen: Die Stadt hat drei Universitäten und acht Hochschulen, an denen sich rund 59 000 Studierende eingeschrieben haben, rund 41 000 wohnen auch in Groningen. Sie machen gut ein Viertel aller Einwohner aus und die Stadt zur jüngsten des Landes, Durchschnittsalter: 36 Jahre. Bereits mehrmals wurde Groningen zur besten Universitätsstadt des Landes gekürt, da konnte selbst Leiden nicht mithalten.

Ältere Jahrgänge hingegen vergleichen Stadt und Provinz mit Schweden: viel Natur und Hochprozentiges, noch mehr saubere Luft, durchaus auch Kultur – aber leider zu weit weg zum Hinfahren. Sie verpassen eine Menge! Ich verbringe immer mal wieder ein Wochenende in Groningen, und ich kann euch versichern: Es bleibt extrem gesellig, auch wenn man das Durchschnittsalter von 36 längst überschritten hat. Wobei mir gerade auffällt, dass ich die Stadt bisher fast immer im Herbst oder Winter besucht habe. Vielleicht, weil es sich dann in den urigen braunen Cafés am *Grote Markt* am allerschönsten absacken lässt. Spätestens beim zweiten *biertje* hat sich das Wochenendgefühl vollständig eingestellt. Vielleicht auch, weil es hier so schnucklige Wohnzimmerrestaurants gibt wie die *De Kleine Heerlijkheid,* Die kleine Herrlichkeit, die ich bei meinem letzten Besuch entdeckt habe, ein Restaurant in einer ehemaligen Arbeiterwohnung, in dem ich mich tatsächlich herrlich zu Hause gefühlt habe!

Zum Hotel ist es anschließend in der Regel nicht weit, denn auch die Groninger Innenstadt ist wie so viele in den Niederlanden kompakt und übersichtlich. Alles lässt sich problemlos zu Fuß entdecken – die alten Speichergebäude zum Beispiel im ehemaligen Fischer- und Bootsbauerquartier an der A (ein Kanal im westlichen Stadtzentrum, ja, einfach nur ein Buchstabe, ich hab's euch doch gesagt, die Groninger sind wortkarg). Sie zeugen davon, dass Groningen im 13. Jahrhundert Mitglied der Hanse war mit einer direkten Verbindung zur Nordsee. Deshalb gab es am Kai der A einen Anleger zum Löschen und Laden bei Flut, das war der *Hoge der A,* und gegenüber, auf der Westseite, einen niedrigeren bei Ebbe, den *Lage der A*. Die pittoreske Gracht mit den alten Lastkähnen gehört zu den meistfotografierten Stellen der Stadt, hat aber 1994 kräftig Konkurrenz bekommen vom *Groninger Museum,* einem quietschbunten Kunsttempel mit einem dreißig Meter hohen goldenen Depotturm und mehreren an Bauklötze und Hutschachteln erinnernden Bauteilen – mal erdbeerrosa, mal pistaziengrün oder mit einem bunten Mosaikmuster überzogen.

Ich glaube, es gibt kein anderes Museum, in dem die Netzhaut einem solchen Feuerwerk an Formen, Farben und Materialien ausgesetzt ist wie in dieser »Akropolis der Kunst« im *Verbindingskanaal* zwischen Hauptbahnhof und Altstadt. Die verantwortlichen Architekten, darunter der Mailänder Designer und Baumeister Alessandro Mendini, sollten im Auftrag des damaligen Museumsdirektors Frans Haks eine Bombe unter die in seinen Augen langweiligen Museumsbauten legen und mit allen musealen Konventionen brechen. Nun, das ist ihnen gelungen. Nicht nur außen, auch innen: Die Treppe im Foyer führt nicht wie üblich monumental hinauf ins hehre Reich der Künste, sondern windet sich klein, intim und mosaikbesetzt in die Tiefe – und zwar gleich achtzig

Zentimeter unter den Meeresspiegel, was reizvolle Ausblicke auf in Augenhöhe passierende Schiffe ermöglicht. Ich setze mich da unten gerne als Erstes in Mendinis großen Proust-Sessel, an dem alle vorbeikommen, den »Poltrona di Proust«. Falls er frei ist, denn dieses erste Ausstellungsstück darf angefasst und benutzt werden und ist für Erinnerungsschnappschüsse sehr begehrt.

Über Geschmack lässt sich bekanntlich nicht streiten, noch immer diskutieren Museumsbesucher heftig über diesen so sehr aus der Reihe tanzenden Kunsttempel, mit dem Direktor Haks die Leute nicht bloß überraschen wollte: »Nein, platt liegen sollen sie!« Sie haben zumindest nach Luft geschnappt, allen voran Kritiker und Kollegen: Das neue Museum wurde als Disney-World-Versatzstück und Zeitgeist-Hexenhaus zerrissen und mit dem Etikett »Dessert-Architektur« versehen. Haks' Kollege Alexander van Grevenstein, der ungefähr zur gleichen Zeit im fernen Maastricht sein *Bonnefantenmuseum* eröffnete, sozusagen als minimalistische Antithese, verglich den Konkurrenzbau im Norden gar mit einem überdimensionalen Eisbecher: Waffelröllchen reinstecken, Himbeersoße drübergießen – fertig!

25 Jahre später wird der Eisbecher jährlich von mehr als 200 000 Menschen besucht und sorgt mit Blockbuster-Ausstellungen für Furore – angefangen bei nordeuropäischer Landschaftsmalerei über Glaskunst von Dale Chihuly bis hin zu den Rolling Stones oder David Bowie. Längst hätten die Groninger ihr ausgefallenes Museum ins Herz geschlossen, sagt der jetzige Museumsdirektor Andreas Blühm. Sie seien sogar stolz darauf, eine Ikone bekommen zu haben, die in einem Atemzug mit der Stadt genannt werde und ihr Bild präge. Auf der Durchreise komme hier zwar auch keiner vorbei, das habe Groningen mit Maastricht gemein. »Aber wer kommt, tut das ebenfalls ganz bewusst und bleibt dann auch länger.«

Blühm schwingt seit 2012 im *Groninger Museum* das Zepter, es gefällt ihm gut hier oben: »Durch die vielen Studenten bleibt die Stadt jung und frisch.« Natürlich seien sich die Groninger ihrer Randlage als »urbane Insel« im hohen Norden bewusst. Und es gebe auch dieses Gefühl, vom Westen vernachlässigt zu werden, sprich: vom Rest des Landes, denn aus Groninger Sicht liegt ja so gut wie alles westlich. »Aber das schweißt auch zusammen, dadurch haben die Bürger einen spezifischen Ehrgeiz entwickelt und ein ganz besonderes Selbstbewusstsein. Und dadurch ist hier auch mehr möglich als anderswo.«

Das neue Kulturzentrum *Forum* zum Beispiel, eine 45 Meter hohe Begegnungsstätte aus hellem Naturstein, die sich seit Ende 2019 wie ein überdimensionaler Findling mit scharfen Kanten gleich hinter dem *Grote Markt* breitmacht. Ein echter Eyecatcher. Auch wir staunen, als wir sie betreten und in einem riesigen Atrium landen: Es gleicht einer tiefen weißen Schlucht, in der unzählige Rolltreppen über unseren Köpfen in Zickzackform die zehn Stockwerke miteinander verbinden. Hier sind die Stadtbibliothek untergebracht, Galerien, Buchläden, Kinos, Ausstellungsräume, Büros, Konferenzzimmer, aber auch stille Ecken zum Lesen und Studieren sowie Cafés und ganz oben eine Dachterrasse mit Rooftop-Cinema und Panoramablick über Stadt und Land. Wir fahren einmal rauf und runter, mischen uns unter die Menschen – Menschen, die lachend und redend auf den Rolltreppen stehen, Menschen, die lesen, gucken und staunen. Ich komme mir vor wie in einem riesigen Ameisenhaufen, in einer Welt für sich.

Wir ergattern einen ruhigen Fleck irgendwo in der Mitte dieses gigantischen Labyrinths, direkt an einer der verglasten Fassaden, wo zwei Plüschdrehsessel frei geworden sind, holen uns einen Kaffee und genießen die Aussicht auf den *Martini-*

toren, den Kirchturm der Martinikirche, den wir direkt vor der Nase haben. *D'olle grieze* wird dieses älteste Wahrzeichen von Groningen auch genannt, der alte Graue. Mit seinen 97 Metern ist er gut doppelt so hoch wie das *Forum*. Da müssen wir auch noch rauf. Denn da reicht der Blick bei klarem Wetter bis weit nach Friesland, fast bis nach Leeuwarden, der zweiten urbanen Insel hier oben.

Leeuwarden

Leeuwarden, muss ich zugeben, war lange Zeit ein blinder Fleck auf meiner Landkarte. Ich wusste, dass es die Hauptstadt von Friesland ist, der zweiten Provinz im Norden, in der die Menschen ihr Anderssein noch mehr pflegen als alle Groninger, Limburger und Nordbrabanter zusammen. Die Friesen sind ein eigensinniges und verwegenes Volk, an dem sich schon die alten Römer die Zähne ausgebissen haben. In der nach ihnen benannten Provinz wird nicht nur *Nederlands* gesprochen, sondern auch *Fries,* eine westgermanische Sprache, die an allen Schulen gelehrt wird und als zweite Amtssprache anerkannt ist. Auf Verkehrsschildern stehen Orts- und Straßennamen zweisprachig. Friesland heißt deshalb auch Fryslan. Und Leeuwarden Ljouwert.

Ich wusste auch, dass Rembrandts große Liebe Saskia aus Leeuwarden stammte. Und eine gewisse Margarete Zelle, die zweifellos berühmteste und auch berüchtigtste Tochter der Stadt, besser bekannt als Mata Hari. 1876 wurde sie in Leeuwarden geboren und 41 Jahre später, 1917, in Paris von den Franzosen als mutmaßliche Doppelspionin hingerichtet.

Was ich nicht wusste, ist, dass Mata Haris Heimatstadt den Beinamen »Klein-Amsterdam« zu Recht trägt. Das erfuhr ich erst 2018, als Leeuwarden die Gelegenheit bekam, als Kulturhauptstadt Europas jede Menge blinder Flecken zu beseitigen – auch den meinen. Diese Stadt kann mit malerischen Grachten, Gässchen und historischen Backstein-Herrenhäusern aufwarten, mit vielen kleinen Theatern, Museen, Geschäften und – dank der 20 000 Studenten – auch mit unzähligen urigen Kneipen und Cafés, in denen man sich nicht nur auf ein *biertje* trifft, sondern auch für einen *Beerenburger,* den berühmten friesischen Kräuterschnaps. Wenn ihr Zeit habt, schaut euch das neue Kulturzentrum *De Blokhuispoort* an, ein ehemaliges Gefängnis, in dem sich nun die Stadtbibliothek, ein Restaurant und, in den Zellen, kleine Lädchen, ein Friseur und Arbeitsräume für Kreativberufler befinden. Wer ein bisschen nachempfinden will, wie sich die Häftlinge hier einst gefühlt haben könnten: Ein paar Zellen wurden zu Hotelzimmern umfunktioniert, und es gibt regelmäßige Führungen.

Das Wahrzeichen von Leeuwarden ist der *Oldehove,* ein schiefer spätgotischer Kirchturm, so schräg und eigenwillig wie die Einwohner dieser Stadt und schiefer als der von Pisa. Er zeugt noch von der Blütezeit im Mittelalter, als Leeuwarden ein wichtiges Handelszentrum mit Zugang zur Nordsee war. Seit 2018 bekommt der *Oldehove* allerdings Konkurrenz von einer ganz besonderen Brunnenskulptur, die der spanische Künstler Jaume Plensa speziell für Leeuwarden auf dem Bahnhofsplatz geschaffen hat: zwei schneeweiße Kinderköpfe, beide sieben Meter hoch, umgeben von einem Schleier aus aufsteigendem Wasserdampf. Der Bildhauer aus Barcelona wollte damit den weißen Nebel wiedergeben, der in Friesland aus den Feldern aufsteigt.

Nicht nur Leeuwarden hat im Kulturhauptstadtjahr einen solch ausgefallenen Brunnen bekommen, Künstler aus der ganzen Welt haben auch für die anderen zehn friesischen Städte Brunnenskulpturen geschaffen – also für Sneek, IJlst,

Sloten, Stavoren, Hindelopen, Workum, Bolsward, Harlingen, Franeker und Dokkum. Einmal müssen sie einfach alle elf vollständig genannt werden!

It giet oan!

Die Eislauffans unter euch dürften jetzt hellhörig geworden sein. Ja, es geht um die berühmten friesischen *elf steden,* die wie Perlen auf einer Halskette den legendären *Elfstedentocht* bilden, den Elfstädtelauf: einen heroischen Eislaufmarathon, der so manchen Teilnehmer schon einen abgefrorenen Zeh oder Finger gekostet hat und wetterbedingt 1997 zum letzten Mal stattfand. 200 Kilometer über Natureis, entlang der elf friesischen Städte – mit Start und Ziel in Leeuwarden.

Der Elfstädtelauf ist für Eislaufprofis wichtiger als alle Olympiaden, Welt- oder Europameisterschaften zusammen. Er gilt als »Lauf der Läufe«, als »Tag der Tage« – und jeder, der ihn trotz Knochenbrüchen und Schnittwunden, abgefrorener Körperteile, eisiger Minusgrade und schneidendem Nordostwind überlebt, als Held. Den *Elfstedentocht* von 1963 hält man für den bisher furchtbarsten und damit heroischsten. Er fand bei minus zwölf Grad statt und bei Sturm aus Nordost. Nur knapp 120 der 9900 Läufer erreichten die Ziellinie. Es kam sogar zu Augenverletzungen, weil die Tränenflüssigkeit gefror. Ganz zu schweigen von den zahllosen Amputationen erfrorener Zehen und Finger. Der Zeh eines Kohlenhändlers namens Karst Lemburg kann noch heute als Reliquie in einer Vitrine im Eislaufmuseum in Hindelopen bewundert werden. Der Sieger 1963 hieß Reinier Paping und bekam königlichen Besuch, als er nach der Tour mehr tot als lebendig auf dem Massagetisch im Erste-Hilfe-Zelt lag. »Oh, mein Respekt vor Ihnen ist grenzenlos!«, soll die damalige Königin Juliana völlig ergriffen gestammelt haben.

Stattfinden kann der Lauf der Läufe nur, wenn die Eisfläche über die gesamten 200 Kilometer mindestens 15 Zentimeter dick ist. Erst dann gibt der Eismeister grünes Licht und spricht – auf Friesisch natürlich – die drei magischen Worte, auf die das ganze Land sehnsüchtig gewartet hat: *It giet oan* – es wird geschehen. Kein Wunder also, dass es nur drei Tage hintereinander zu frieren braucht und sich die gesamte Nation nur noch eine Frage stellt: Geschieht es, oder geschieht es nicht? Doch meistens setzt am vierten Tag Tauwetter ein und macht alle Hoffnungen zunichte.

Zum letzten Mal hat der Eismeister die magischen Worte Anfang Januar 1997 gesprochen. Was dann geschah, war der Ausbruch eines in aller Heftigkeit grassierenden Eisfiebers, von dem kaum einer der damals noch 16 Millionen Niederländer verschont geblieben sein dürfte: Tagelang wurde über nichts anderes gesprochen, die Post brachte eine Sonderbriefmarke heraus, ein Getränkefabrikant einen speziellen Eisschnaps, die elf friesischen Städte schmückten sich mit Flaggen und Fähnchen, entlang der Strecke wurden sechzig Erste-Hilfe-Zelte für die zu erwartenden Verletzten aufgebaut, und da die Hotelzimmer in Friesland für die mehr als 16 000 Läufer, 2000 Journalisten und 1,5 Millionen Schaulustigen aus aller Welt bei Weitem nicht ausreichten, stellten Privatleute zumindest den Sportlern großzügig ihre Privatbetten zur Verfügung.

Ich erfuhr in diesen Januartagen auch, dass Eischirurgie ein sehr ernst zu nehmendes Fach ist, denn um die Strecke optimal zu präparieren, galt es nicht bloß, raue Stellen mit dem Flammenwerfer zu glätten. Es mussten auch Eistransplantationen durchgeführt werden, von speziell ausgebildeten Eischirurgen: Gekonnt sägten sie anderswo dicke Eisplatten heraus, um die dann an Schwachstellen (unter Brücken oder großen Bäumen) ins Wasser zu schieben, wo sie über Nacht festfrieren würden.

Als es endlich so weit war, waren sämtliche niederländischen Straßen und Eisflächen wie leer gefegt. Nur die in Friesland nicht. Bei zehn Grad unter null und eisigem Ostwind Stärke 5 gingen 16 372 Läufer um 5:30 Uhr morgens in Leeuwarden an den Start. Der älteste war 74 und der prominenteste Johan Olaf Koss, mehrfacher Eisschnelllauf-Olympiasieger aus Norwegen. Gegen zehn Uhr erreichten die ersten Teilnehmer das alte Walfänger-Hafenstädtchen Harlingen, wo sie von einer bunten Menschenmenge am Kai erwartet wurden und von Blaskapellen, die muntere Weisen schmetterten. Gegen Mittag hatte der Sieger dieses 15. *Elfstedentocht* die »Tour der Leiden« bereits so gut wie hinter sich gebracht: Nach genau 6 Stunden, 49 Minuten, 18 Sekunden und mit einem Meter Vorsprung flitzte er in Leeuwarden über die Ziellinie, ein 29 Jahre alter Rosenkohlzüchter namens Henk Angenent. Die Besten schafften die 200 Kilometer innerhalb von sieben Stunden, die letzten brauchten dafür gut das Dreifache und schleppten sich nach Mitternacht am Ende ihrer Kräfte über die Ziellinie.

Die Bilanz dieses 4. Januar 1997: Von den ursprünglich 16 372 Läufern kamen 9000 ins Ziel, einer starb kurz nach Harlingen an Herzversagen, und in den Erste-Hilfe-Zelten, die Feldlazaretten glichen, hatten Ärzte und Krankenschwestern alle Hände voll zu tun, um Knochenbrüche, Verstauchungen, Schnittwunden und Erfrierungen zu behandeln. Das war der 15. *Elfstedentocht* – und glaubt man Klimaforschern, könnte es auch der letzte gewesen sein.

IJspret – Eisvergnügen

Schaatsen gehört zu den Niederlanden wie die Windmühlen und die Tulpen. Kaum eine andere Nation hat so viele erfolgreiche Eisschnellläufer hervorgebracht. Wobei auffallend viele aus Friesland stammen … Wenn das Wetter mitspielen würde, könnte Schlittschuhlaufen als Volkssport dem Fußball in diesem Land problemlos das Wasser reichen. Sobald die Grachten und Kanäle zumindest stellenweise zugefroren sind, begeben sich Groß und Klein aufs Eis, Anfänger schieben einen Stuhl vor sich her, um nicht dauernd hinzufallen, Kinder nehmen ihre Schlitten mit, Jugendliche spielen Hockey oder flitzen um die Wette. *IJspret* heißt dieser Spaß auf dem Eis. Als ob die Gemälde alter Meister aus dem 17. Jahrhundert lebendig werden würden – bunte Eislaufszenen, wie sie Hendrik Avercamp, der die Winterlandschaft zu einem eigenen Genre machte, auf der Leinwand verewigt hat.

Doch die Friesen haben längst für Alternativen gesorgt: Die Strecke kann auch eisfrei zurückgelegt werden, auf Wander- und Radwegen oder mit dem Boot. Das ist zwar nicht dasselbe, aber auch ein Erlebnis, vor allem so eine Bootstour im Sommer. Schließlich ist Friesland eine Wassersportprovinz par excellence: Nirgends gibt es so ein dichtes Netz an Wasserwegen! Nichts Schöneres, als tagelang mit dem Hausboot zwischen Wiesen und Wäldern hindurch- und über Seen zu tuckern und die *elf steden* auf diese Weise kennenzulernen. Und es müssen ja nicht gleich alle elf auf einmal sein. Ich habe mich auf einer solchen Reise mit der Hälfte zufriedengegeben, verteilt über eine Woche – ein wunderschöner Trip!

Traumschiff

In Sneek, friesisch *Snits,* gingen wir an Bord. Dieser Ort ist vor allem bekannt als Wassersportzentrum: Anfang August findet traditionell die *Sneekweek* statt, die Sneeker Woche – die größte Segelveranstaltung auf europäischen Binnengewässern. In Sneek habe ich das *skutsjesilen* kennengelernt, das Segeln mit *skutsjes.* Das sind historische Frachtschiffe mit charakteristisch braunen Segeln, die speziell für die oft seichten Gewässer hier gebaut wurden und kein Schwert unten am Schiffsbauch haben, sondern jeweils eines an der Back- und eines an der Steuerbordseite, wo sie nach Bedarf hoch- und runtergelassen werden.

Ziemlich kompliziert, fand ich und war froh, dass das Hausbootfahren stressfreier ist. Damit tuckerten wir ins vier Kilometer entfernte IJlst, einen verträumten kleinen Ort mit einer historischen Holzsägemühle. Besonders in Erinnerung geblieben sind mir die vielen Johannisbeersträucher, die sich unter der Last ihrer roten Beerenpracht beugten und mit grünen Netzen vor Vögeln (und mir) geschützt werden mussten. In IJlst entdeckte ich eine weitere typisch friesische Sportart, die entfernt an Stabhochspringen erinnert: das *fierljeppen.* Dabei wird ein Stab benutzt, allerdings nicht, um möglichst hoch, sondern um möglichst weit zu springen – über einen Wassergraben. Für das nötige Anlauftempo sorgt eine kleine Schanze. Auch Touristen können sich im *fierljeppen* probieren, aber als ich hörte, dass von 25 allerhöchstens zehn trocken rüberkommen, ließ ich es lieber sein.

Über das idyllische Sloten, mit knapp 800 Einwohnern die kleinste der friesischen *elf steden,* landeten wir in Stavoren am IJsselmeer, einst reiche Hansestadt an der Zuiderzeeküste und die älteste Stadt Frieslands. Sie hat den, wie ich finde, schönsten *elf steden*-Brunnen bekommen: einen riesigen bunten Fisch, eine Art Karpfen, der sein Maul aufreißt. Die See gibt und nimmt – das wollte US-Künstler Mark Dion damit ausdrücken.

In Stavoren sind wir raus aufs IJsselmeer, wo es an diesem Tag so stürmisch war, dass in der Kombüse alles durcheinanderpurzelte – man sollte das IJsselmeer nie unterschätzen, erst recht nicht in einem knapp zehn Meter langen Motorboot. Seekrank sind wir zum Glück nicht geworden. Als wir weiter nördlich in Hindelopen sicher wieder im Hafen gelandet waren, staunte ich in den kleinen Läden über die bunten Stoffe, die überall angeboten wurden, bedruckt mit Elefanten, Teehäusern und Drachen, aber auch mit Motiven, wie sie für norwegische Bauernmalerei typisch sind. Des Rätsels Lösung: Im 17. Jahrhundert, als es noch keinen Abschlussdeich gab, war das jetzige IJsselmeer eine Art Rennstrecke für Handelsschiffe: Sie flitzten hier die Küste rauf und runter, mit Gewürzen aus dem Fernen Osten und mit Holz aus Skandinavien. Ich nahm ein viereckiges Halstuch als Erinnerung mit, weiß mit rot-schwarzen Mustern.

Zum Abschluss dieser Reise machten wir noch in Makkum halt, kurz vor der Schleuse, wo's rausgeht aufs Wattenmeer. Das malerische Hafenstädtchen gehört zwar nicht zu den *elf steden,* aber hier soll der Fliegende Holländer hergekommen sein, jener frevelhafte Kapitän, der dazu verflucht worden war, mit einem Spukschiff die Weltmeere zu durchkreuzen. Dass jedenfalls hatten mir zwei alte Männer erzählt, mit denen ich beim Anlegen in einem der IJsselmeerhäfen ins Gespräch gekommen war. Vielleicht hatten sie auch nur Seemannsgarn gesponnen, nicht umsonst werden alte Holzbänke wie die, auf der sie saßen, *leugenbank* genannt, Lügenbank. Denn die Identität des Fliegenden Holländers konnte nie genau geklärt werden, er soll (trotz seines Namens) ein Friese gewesen sein. In jedem Fall wollte ich Makkum einmal gesehen haben. Um mir den Abschlussdeich wegzudenken und vorzustellen, wie sein Geisterschiff an mir vorbei über die *Zuiderzee* Richtung Nordsee durch die Lüfte davoneilte.

Nur allzu gerne wäre ich ihm gefolgt. Nicht durch die Lüfte, nein – durch die Schleuse. Das hätte mir vollkommen gereicht. Raus aufs Wattenmeer. Denn Friesland hat ja nicht nur Kanäle, Seen und IJsselmeer zu bieten, sondern auch Inseln. Aber dazu brauchte es ein anderes Boot. Und das wiederum ist eine andere Geschichte.

Inseln der Glückseligkeit

Meine Freunde Christoph und Barbara aus Köln fahren jedes Jahr im Sommer nach Texel, der größten der fünf bewohnten niederländischen Watteninseln; ihre drei Kinder sind quasi auf den weiten Sandstränden von Texel aufgewachsen. Dieters Kollege Uli hingegen lässt nichts auf das weiter östlich liegende Ameland kommen, das bei deutschen Familien ebenfalls hoch im Kurs steht. Vincents Lieblingsinsel wiederum ist die mit dem unaussprechlichen Namen Schiermonnikoog, was so viel wie graues Mönchsauge bedeutet. Auf *Schier,* wie die allerkleinste der niederländischen Watteninseln ebenso kurz wie liebevoll genannt wird, haben Vincent und Moniek geheiratet. Mit einer unvergesslichen Hochzeitsfeier auf einem zur Jugendherberge umfunktionierten Bauernhof.

Meine Lieblingsinseln sind Vlieland und Terschelling. Vlieland ist wie Schier autolos, und auch für Terschelling lassen wir unser Auto am Hafen von Harlingen zurück. Einer von uns wird samt Gepäck direkt vor dem Fährhafen abgesetzt und wartet, bis der andere zu Fuß vom Parkplatz zurückkommt. Um dann umgehend und noch intensiver als beim Überqueren des *Hollandsch Diep* das Gefühl zu bekommen, die Niederlande zu verlassen und eine weite Seereise anzutreten – auf zu fernen Ufern! Die Überfahrt nach Terschelling dauert zwei Stunden, die nach Vlieland eineinhalb. Es gibt auch Schnellboote. Aber das Bedürfnis, schnell anzukommen, und überhaupt der Drang, schnell zu sein, legt sich zumindest bei mir urplötzlich, sobald ich einen Fuß an Bord der Fähre gesetzt habe. Jede Minute dieser kleinen Seereise genieße ich, und auch Sturm und Regen halten mich nicht davon ab, wenigstens einmal kurz raus an Deck zu gehen und den Kopf in die Nordseeluft zu halten. *Lekker uitwaaien* nennt sich das.

Da fällt mir ein: Ich kenne noch eine andere Möglichkeit, nach Vlieland und Terschelling zu gelangen und sich den Elementen dabei noch näher zu fühlen. Sozusagen die ultimative Form des *uitwaaiens.*

Von Seehunden und Sandbänken

»Kijk, daar zijn ze!«, ruft Tess aufgeregt und deutet auf eine Sandbank direkt vor uns: »Guck, da sind sie!« Tatsächlich, unser Skipper Arthur hat nicht übertrieben, wir zählen keine dreißig, keine fünfzig und auch keine siebzig – nein, es könnten gut und gerne hundert Seehunde sein, die sich nur wenige Meter von uns entfernt im Sand rekeln und sich die Sonne auf den Bauch scheinen lassen. »Siehst du den Grauen da vorne? Boah, ist der groß und dick!« Tess beugt sich so weit über die Reling, dass ich sie lieber an der Kapuze ihres Sweaters festhalte.

Das neunjährige Mädchen ist die Tochter von Freunden, mit denen wir für ein langes Wochenende das Wattenmeer durchkreuzen. Geladen haben Vincent und Moniek, um ihren 25. Hochzeitstag zu feiern, im Kreise ihrer Lieben, sprich: Familie und guten Freunden. Einer der guten Freunde ist Arthur, unser Skipper, ihm gehört der *Zwarte Haan,* ein Zweimaster und alter Frachtensegler, gut dreißig Meter lang. Mit Kajüten für zwei oder vier Personen und entsprechend vielen Stockbetten. Es gibt nur ein Doppelbett, ein richtiges Liebesnest. Das haben wir alle großzügig dem Silberhochzeitspaar überlassen.

Gestern sind wir an Bord gegangen, in Harlingen, und haben Kurs auf Vlieland gesetzt. Segelhissen und Einholen sind in den nächsten Tagen unsere vorrangigen Aufgaben. Und Tauwerk aufrollen, »immer im Uhrzeigersinn!«, mahnt Arthur. Alle müssen ran, auch wenn es nicht alle gewohnt sind. Zimperlichkeiten lässt Arthur nicht zu. Schieflagen hingegen schon. Einmal segelten wir so hart am Wind, dass die Kinder das Deck als Rutschbahn nutzen konnten – in Schwimmwesten natürlich! Sie kreischten vor Vergnügen, einige ihrer Mütter hingegen vor Schreck. Arthur lachte laut. *»Komt goed!«*

Am Spätnachmittag kamen wir auf Vlieland an und mieteten uns Räder. An einer blühenden Mauer aus duftenden Heckenrosen entlang radelten wir ins Dorf. Es gibt nur eins, Oost-Vlieland, mit seinen tausend Einwohnern schmiegt es sich an der Wattenmeerseite sanft in die Dünen und den Deich. In der geselligen kopfsteingepflasterten *Dorpstraat* fanden wir auf einer der vielen Terrassen einen freien Tisch für ein erstes *biertje.* Die eine Hälfte von uns blieb hängen, die andere lief hoch zum Leuchtturm. *Kleine rode kabouter* wird er genannt, kleiner roter Kobold, denn mit seinen 18 Metern ist er der kleinste von allen Watteninsel-Leuchttürmen. Aber da er auf einer 42 Meter hohen Düne steht, konnten wir bis nach Terschelling und Texel gucken, den beiden Nachbarinseln.

Vom Leuchtturm aus radelten wir die eineinhalb Kilometer durch Dünen und Wälder zur Nordseeseite der Insel. Hier gab es nur ganz wenige Strandbuden und Hotels, aber ganz viel Sandstrand, kilometerlang und einladend. Wir konnten nicht widerstehen, Badepause samt Nickerchen. Beides machte hungrig. Ein Glück, dass die andere Hälfte in der *Dorpstraat* nicht abgesackt war – als wir zurück an Bord kamen, stand das Abendessen auf dem Tisch. Perfektes Timing. »Aber«, so schnaubte Ina mit gespielter Empörung in der Kombüse und schwang den Kochlöffel, »das nächste Mal seid ihr dran! Einmal für zwanzig Mann Kartoffeln schälen und Lauch schneiden, das reicht!«

Alt sind wir gestern nicht geworden, alle waren hundemüde, und heute Morgen ging es schon in aller Herrgottsfrühe weiter, an der Sandbank mit den Seehunden vorbei Richtung Terschelling, unserem zweiten Etappenziel, der nach Texel zweitgrößten niederländischen Watteninsel.

Schon von Weitem grüßt uns der *Brandaris,* ältester Leuchtturm der Niederlande und der einzige viereckige. Dieses mehr als 400 Jahre alte trutzige Wahrzeichen der Insel streckt sich am Hafen von West-Terschelling 54 Meter hoch in den Himmel. In diesem wichtigsten und quirligsten der insgesamt sechs Inseldörfer müssen wir in dritter Reihe anlegen und über zwei andere Boote hinwegklettern, um an Land zu gelangen. Auch hier mieten wir Räder und radeln an den Nordseestrand, zwischen hohen zackigen Dünen hindurch, die wie zerklüftete Berge rechts und links von uns aufragen. Was für eine unwirkliche Landschaft! Wie die Kulisse eines surrealistischen Films!

Terschelling rühmt sich, die einzige Insel Europas zu sein, auf der Cranberrys wachsen. Der Legende zufolge wurden sie in einem Fass am Strand angespült. Ein Seemann entdeckte sie, fand sie aber zu sauer und warf sie weg – worauf prompt die ersten Cranberrysträucher zu wachsen begannen. Heute gibt es ganze Felder, Heidelandschaften gleich. Und in den Läden der Inseldörfer jede Menge Cranberrysaft und -marmelade, -wein, -likör und -tee. Kaum ein Terschellingurlauber verlässt die Insel, ohne in irgendeiner Form Cranberrys als Souvenir mitzunehmen – auch wir nicht.

Terschelling ist außerdem die Insel von Willem Barentsz, dem Entdecker von Spitzbergen und der nach ihm benannten *Barentszzee.* Er ist der berühmteste Sohn der Insel, die damals noch vom Walfang lebte. Der niederländische Polfahrer blieb 1596 im Packeis vor der Doppelinsel Nowaja Semlja stecken und versuchte, sich und seine Männer in einem Notquartier aus Holz vor Kälte und Eisbären zu schützen. Von seinen und anderen Reisen erzählt das Inselmuseum, benannt nach der Notunterkunft *'t behouden Huys.*

Zu den berühmtesten der heute knapp 5000 Terschellinger gehört Hessel van der Kooij, ein Singer-Songwriter mit Gitarre und praktischerweise auch einer Kneipe, die er 260-mal im Jahr für eigene Auftritte nutzt. Der Beiname des singenden Kneipenwirts: Bruce Springsteen von Terschelling. Die Kneipe heißt De groene Weide, aber auf Terschelling sagen alle bloß: »Gehn wir heute Abend zu Hessel?« Urgemütlich ist es bei ihm und immer knallvoll. Alle tanzen und singen mit. Hessels eigene Kompositionen, aber auch Rockklassiker.

Auch wir schließen unseren Terschellingbesuch bei Hessel ab und tanzen ausgelassen, auch wenn wir dafür zehn Kilometer hin und anschließend mitten in der Nacht zehn Kilometer zurückradeln müssen. Aber das tun wir bei allerbester Laune, es gibt weitaus Unangenehmeres, als sich eine halbe Stunde lang lauen Sommernachtwind um die Nase wehen zu lassen. Topfit fühlen wir uns nach einem Abend mit so viel Bewegung und klettern problemlos und ohne jemanden zu wecken, über die beiden anderen Schiffe hinweg, um dann in unseren Kajüten ins Bett und in null Komma nichts in tiefen Schlaf zu fallen.

Als der nächste Tag anbricht, habe ich das Gefühl, bereits seit Wochen an Bord zu leben – dabei ist es erst der dritte. Festland und Alltag sind in weite Ferne gerückt. Es hat etwas von der Freiheit, die Reinhard Mey einst besang, aber nicht über den Wolken, sondern auf den Wellen.

Heute steht *droogvallen* auf dem Programm, trockenfallen im Watt, mit einem Plattbodenschiff kein Problem. Rumms! Da ist sie auch schon, die Sandbank, auf die wir laufen. Nun heißt es warten, bis es Ebbe wird. Dann an der Strickleiter runter auf den Meeresboden. Mit Gummistiefeln. Oder, viel, viel besser, barfuß. Um den Schlick zwischen den Zehen zu spüren. Ich bin nicht die Einzige, die anfängt, Muscheln zu sammeln. Tess und die anderen Kinder rennen ein paarmal schreiend und lachend um den *Zwarte Haan* herum. Wie Jungtiere, die Auslauf haben.

Noch am selben Abend, sobald wir mit der Flut wieder freischwimmen, hissen wir die Segel. Die Reise geht weiter. Wunderbar, so fremdbestimmt zu sein von Gezeiten und Wind! Von ihnen hängt unser Programm ab. Und wenn der Wind so wie am letzten Tag durch Abwesenheit glänzt, wird bis zur nächsten Brise eine Badepause eingelegt und vor Anker gegangen. *»Zullen we?«,* fragt Tess und schaut mich erwartungsvoll an. »Sollen wir?« Aber klar doch! Eins, zwei, drei – und schon springen wir ins blaugrüne Wasser. Prustend tauchen wir wieder auf, klettern die Tauleiter hoch an Bord, um erneut zu springen, bestimmt an die 15 Mal.

Dieter ist im Klüvernetz eingedöst, das Buch aufgeschlagen auf der Brust. Ina und Moniek liegen auf dem Oberdeck im Badeanzug auf dem Bauch. Und hinten am Heck steht Vincent zusammen mit Dolf und Arthur und lässt den Blick übers Wasser schweifen. Alle drei haben die Arme vor der Brust verschränkt, wechseln ab und zu ein paar Worte und nicken dann vielsagend. Wie drei alte Seebären. Vincent hat sich mein Halstuch aus Hindelopen, das mit den norwegischen Bauernmalereimotiven, ausgeliehen und zum Piratentuch geknotet als Sonnenschutz auf den Kopf gesetzt.

Noch eine Nacht an Bord, dann werden wir in Harlingen zurück an Land gehen. Und uns daran gewöhnen müssen, die Welt wieder aus einer völlig anderen Perspektive, in einem völlig anderen Tempo zu erleben. Wie ein Film, der gemächlich in Zeitlupe lief und nun ganz schnell abgespult wird. Seltsam, oder? Ein Schritt nur, aber dazwischen liegen Welten.

Tess stupst mich von hinten an und reißt mich aus meinen Gedanken: »*Nog een keer?* – Noch einmal?« Erwartungsvoll schaut mich das kleine Mädchen an.

Aber klar doch! Eins, zwei … drei!

Neuland

»Oben- oder untenrum?«, lautet die meistgestellte Frage beim Verlassen der beiden nördlichen Provinzen Groningen und Friesland. Obenrum ist der *afsluitdijk,* untenrum die A6 durch Flevoland. Ich fahre meistens über den Deich hin und über die A6 zurück. Oder andersrum. Weil beide Strecken interessant sind. Auf dem *afsluitdijk* werden die insgesamt sechzig riesigen Schleusentore, die die Autofahrer am Anfang und am Ende der Deichautobahn passieren müssen, dank reflektierender Streifen zu einem Lichtkunstwerk – eine Ode an die Art-déco-Eleganz dieser imposanten Tore und eine weitere Arbeit des Rotterdamer Designers Daan Roosegaarde. Die Strecke über die A6 hingegen finde ich aus einem ganz anderen Grund faszinierend: weil wir hier über trockengelegten Meeresboden fahren. Denn die Niederländer haben im Laufe der Jahrhunderte nicht nur gelernt, sich das Wasser vom Leibe zu halten, sie wissen dem Wasser auch Neuland abzutrotzen.

Kühnstes Beispiel dafür ist Flevoland, Stolz der gesamten Nation und jüngste Provinz der Niederlande. Denn Flevoland wurde im 20. Jahrhundert dem IJsselmeer abgerungen – als größtes Eindeichungsprojekt der Welt. 29 000 Hektar, schaumgeboren wie Aphrodite. Der niederländische Poet Ed Hoornik beschreibt in einem seiner Gedichte das Erstaunen der Möwen, die hier nun nicht mehr über Wasser fliegen, sondern über Kornfelder, unter denen Schiffswracks ruhen: *Ik ben nieuw land, ik ben maar pas geboren,* heißt die letzte Gedichtzeile: Ich bin neues Land, ich wurde gerade erst geboren.

Die Taufe fand 1986 statt, nach einer Geburt, die sich über 75 Jahre hingezogen hatte: Zunächst entstand der *Noordoostpolder* mit der allerersten Reißbrettstadt Emmeloord, dann folgte der *Zuidoostpolder* mit den Städten Lelystad, Almere, Zeewolde und Dronten.

Das Nachsehen hatten Hafenstädtchen wie Spakenburg oder Harderwijk: Die blicken nun nicht mehr aufs IJsselmeer hinaus. Ein dicker Brocken Land direkt vor ihrer Nase versperrt ihnen die Sicht. Ganz zu schweigen von den beiden Inseln Schokland und Urk, denn die liegen seitdem buchstäblich auf dem Trockenen und sind keine Inseln mehr. Sie wurden *ingepolderd,* eingepoldert, wie das hier heißt. Obwohl die 21 000 Einwohner von Urk immer noch hartnäckig »auf Urk« sagen, wenn sie gefragt werden, wo sie wohnen.

Für die allerersten Bewohner muss Flevoland das gewesen sein, was der Wilde Westen für die Amerikaner war: Sie kamen sich vor wie Siedler. Als Erstes zog es Bauern aufs Neuland; nach der Flutkatastrophe von 1953 kamen auch viele aus Zeeland und versuchten, sich hier eine neue Existenz aufzubauen. Dann folgten junge Familien aus dem Einzugsbereich von Amsterdam, die hier fanden, was in Amsterdam für die meisten unerreichbar geworden war: Luft und Raum zum Leben, vor allem bezahlbaren Wohnraum.

Anfangs wurden die Pioniere von Flevoland bemitleidet und mussten sich beinahe dafür entschuldigen, dass sie sich, wie damals gelästert wurde, lebendig in den Poldern begraben lassen wollten. Wovon sich allerdings nur die wenigsten abschrecken ließen. Das beweist die Reißbrettstadt Almere, die speziell für junge Familien und Pendler aus dem dreißig Autominuten entfernten Amsterdam aus dem Boden gestampft wurde. 1976 konnte sie »bezogen« werden. Almere wuchs so schnell wie keine andere Stadt in Europa: von null auf 180 000 in den ersten dreißig Jahren. 2021 lebten hier fast 217 000 Menschen – die Hälfte aller Einwohner der Provinz Flevoland.

Bis zu 400 000 sollen und dürften es werden, denn die Wohnungsnot ist auch in den Niederlanden eines der größten Probleme überhaupt. Die Innenstadt von Almere wurde deshalb 2005 ein erstes Mal erweitert, davon waren die allerersten Planer in den 1970er-Jahren bereits ausgegangen. Das ist ja das Praktische an Reißbrettstädten. Das macht sie auch für Architekturfans und Stadtsoziologen so interessant, und Almere ist zum Inbegriff für experimentelle Architektur geworden. Mehr als ein Dutzend internationaler Architekten konnten sich hier ausleben. Die japanische Architektin Sejima baute ein gläsernes Theater ins Wasser, der Engländer William Alsop ein Hotel auf Stelzen an die Uferpromenade, und sein Pariser Kollege Christian de Portzamparc errichtete einen spektakulären Wohnkomplex mit Dachgartenlandschaft, die Zitadelle.

An der für eine richtige Stadt nötigen Patina fehlt es zwar immer noch ein bisschen, dafür ist Almere einfach zu jung. Aber inzwischen müssen sich die Einwohner nicht mehr verteidigen, dass sie hier wohnen, im Gegenteil: Sie sind stolz auf ihre Stadt und die vielen Städtebaudelegationen aus aller Welt, die es zu ihnen zieht.

Die haben die Möglichkeit, sich bei dieser Gelegenheit auch gleich ein Experiment ganz anderer Art anzuschauen: In Flevoland liegt der 21. und jüngste Nationalpark der Niederlande, das 29 000 Hektar große Naturschutzgebiet *Nieuw Land* – Neues Land. Ein Paradies für Wasservögel aller Art, aber auch für die sogenannten *grote grazers:* Hirsche und Rehe, Wildpferde, Heckrinderherden. Das jedenfalls war der Plan. Ein riesiges Stück Land, von Menschenhand geschaffen, das die Flevoländer der Natur zurückgeben wollten. Die sollte es fortan alleine richten: In *Nieuw Land* würden die Tiere in totaler Freiheit und ohne jegliche menschliche Eingriffe leben können – auch ohne Jagd.

Die Folge war, dass sich die *grote grazers* zu schnell vermehrten – mehr als 5000 wurden es. Als ich einmal mit dem Zug von Leeuwarden zurück nach Leiden fuhr, konnte ich beim Blick aus dem Fenster meinen Augen kaum trauen: Da galoppierten ganze Herden von Wildpferden an grasenden Heckrindern vorbei über die flache Landschaft mit ihren vielen Teichen, Tümpeln und Seen. Wie im Wilden Westen! Prachtvoll!

Weniger prachtvoll war der Anblick von Gerippen, die ebenfalls wie in einem Wildwestfilm in der Landschaft verstreut lagen. Denn für so viele Tiere gab es bald nicht mehr genug zu fressen, sie verhungerten. Oder wurden, um sie vor diesem Schicksal zu bewahren, zu Hunderten abgeschossen. Was jeden Winter heftige Empörung auslöste. Der renommierte Jurist Pieter van Vollenhoven, Schwager von Königinmutter Beatrix, der sich auch in Sachen Naturschutz einen Namen gemacht hat, brachte es auf den Punkt: »Was für eine unsinnige Argumentation«, twitterte er. »Man kann Tiere doch nicht einzäunen und dann nicht füttern, weil das angeblich unnatürlich ist!« Normalerweise würden Tiere immer dorthin ziehen, wo es Futter gibt – was sie in diesem Falle aber eben nicht konnten.

Denn »normalerweise« – das ist in der richtigen, in der freien Natur. Und wo gibt es die schon noch? Jedenfalls nicht in Flevoland: *Nieuw Land* ist keine neu geschaffene Natur, sondern neu geschaffene Landschaft. *Land-schap.* Ein Riesenunterschied. Da kann sich der Mensch nicht raushalten. Das hat inzwischen auch die Provinzregierung eingesehen: 2019 wurde beschlossen, die Tiere, wenn nötig, zusätzlich zu füttern und langfristig wieder zu dezimieren; sie werden regelmäßig per Helikopter gezählt. Gibt es trotzdem nicht genug Futter für alle, wird ein Teil von ihnen in andere Naturschutzgebiete gebracht; Abschießen soll zur Ausnahme werden.

Doch auch wenn dieses Experiment missglückt und der Nationalpark *Nieuw Land* keine echte Wildnis ist: Ein Paradies bleibt er, vor allem für Wanderer und Naturliebhaber! Allein schon die Vorstellung, dass es hier einst nur Wasser und jahrhundertealte Wrackteile gab, fasziniert mich jedes Mal aufs Neue. Zur Wahl stehen die verschiedensten Exkursionen, zum Beispiel eine Sumpfwanderung. Mit etwas Glück könnt ihr sogar einen Seeadler erspähen, denn auch der hat sich hier niedergelassen und brütet.

Ebenso kommen Freunde der Landschaftskunst auf ihre Kosten: Über ganz Flevoland verstreut können neun imposante Kunstwerke in der Landschaft bewundert werden, die größte Land-Art-Kollektion der Welt. Sie wurden über 190 Kilometer verteilt, alle dreißig Autominuten könnt ihr euch von einem anderen Meisterwerk überraschen lassen. Die »Grüne Kathedrale« des niederländischen Konzeptkünstlers Marinus Boezem gefällt mir am besten: ein Wald aus 178 Bäumen in Form einer Kathedrale – so groß wie die von Reims! Sehr beeindruckt hat mich aber auch »Exposure«, eine Skulptur des britischen Bildhauers Antony Gormley: eine riesige hockende menschliche Figur aus Stahlstangen – 26 Meter hoch und 44 Tonnen schwer. Sie sitzt am Ufer des Markermeers, in Gedanken versunken, so scheint es. Als könnte auch sie es nicht so richtig glauben, was der Boden ihr hier zuflüstert: »*Ik ben nieuw land, ik ben maar pas geboren.*«

Even pauzeren! Verschnaufpause im Herzen des Landes

Hallo, seid ihr noch da? Wir haben einen großen Bogen geschlagen und eine Rundreise hinter uns, die uns von Leiden nach Zeeland geführt hat und dann über den tiefen Süden in den hohen Norden. Zeit für die Mitte! Von Flevoland aus begeben wir uns ins Herz des Landes, in die Provinz Utrecht mit der gleichnamigen Hauptstadt.

Die Mitte dieser Gebrauchsanweisung allerdings, liebe Leserinnen und Leser, haben wir schon lange überschritten. Dabei gibt es noch so viel, was ich euch gerne zeigen würde! Weitere altholländische Städte – Delft zum Beispiel, Gouda, Alkmaar oder Haarlem. IJsselmeerstädtchen wie Hoorn oder Enkhuizen, die immer noch so aussehen, als würde gleich ein altes Handelsschiff der VOC mit Gewürzen aus Batavia anlegen. Dann, gleich hinter der deutschen Grenze, an *Nederrijn* und Waal, die beiden Städte Nimwegen und Arnheim, an denen viele deutsche Autofahrer auf dem Weg zur Küste vermutlich achtlos vorbeibrausen. Genauso wie etwas weiter am Nationalpark *Hoge Veluwe,* der seinen Reiz völlig unterschiedlichen Landschaftstypen wie Heide, Dünen und Wald verdankt und wo sich mitten im Grünen der größte Skulpturenpark Europas und das *Kröller-Müller Museum* befinden. Das sollte für alle Van-Gogh-Fans ein Muss sein, denn es beherbergt nach Amsterdam die zweitgrößte Van-Gogh-Kollektion der Welt.

Mit etwas mehr Zeit hätte ich mit euch auch gerne noch einen Zwischenstopp im Osten eingelegt, auf dem Weg von Limburg hoch nach Groningen: Dort liegen die drei pittoresken ehemaligen Hansestädtchen Zutphen, Deventer und Zwolle, alle drei durch die IJssel verbunden, einen der schönsten Flüsse des Landes. Ich habe diese »drei Perlen im Osten«, wie sie auch genannt werden, auf einer Wanderung entlang der IJssel entdeckt, vier Tage lang folgte ich mit dem Rucksack dem durch die weite Landschaft mäandernden Fluss – wunderschön!

Auch in der Mitte gibt es noch viele Geheimtipps. Einer ist die Vecht, ein idyllisches Flüsschen, das nördlich von Utrecht nach Breukelen führt – jenes Dörfchen, das dem New Yorker Stadtteil Brooklyn seinen Namen verpasste. Überall am Ufer stehen Schlösser von Adligen und palastartige Patrizierhäuser, die sich reiche Amsterdamer Kaufleute im 18. Jahrhundert als Sommerresidenz mit Teehäuschen und verschwenderischen Parkanlagen bauen ließen. Hinter jeder Flussbiegung taucht ein neuer kleiner Prachtbau auf.

Und dann ist da natürlich Utrecht selbst, die alte Domstadt. Der Turm der Domkirche ist der höchste des Landes und war schon kurz nach seiner Vollendung 1382 im weiten Umkreis bekannt. Die berühmten flämischen Malerbrüder Jan und Hubert van Eyck haben ihn auf ihrem Meisterwerk, dem Genter Altar, verewigt. Guckt euch mal die zentrale Mitteltafel mit dem Lamm Gottes an – gleich unter der Taube mit dem Strahlenkranz, also dem Heiligen Geist, ragt er in den Himmel. Und wenn ihr mit eigenen Augen sehen wollt, was der Bildersturm 1580 in Utrecht angerichtet hat, dann müsst ihr in die Domkirche: Da stehen immer noch kopflose Statuen als stumme Zeugen seines Wütens. Trotzdem ist Utrecht bis heute Brennpunkt des katholischen Lebens in den Niederlanden geblieben und Sitz des einzigen Erzbistums.

Eigentlich ist die Stadt allein schon wegen ihres Grachtengürtels einen Besuch wert, denn der ist weltweit einzigartig und stellt selbst den von Amsterdam in den Schatten. Die Utrechter Grachten sind sozusagen zweistöckig: Oben liegen wie gewöhnlich Straße und Häuser, doch unten gleich beim Wasser verläuft ein zweiter Weg mit Zugang zu den Kellergewölben. Auf diese Weise verfrachteten die Utrechter Kaufleute früher ihre Waren direkt vom Schiff aus in den Keller. Heute werden die alten Gewölbe als Lädchen genutzt, als Restaurants und Kneipen. Leicht nachvollziehbar, dass die Utrechter da unten, direkt am Wasser, die allerschönsten Caféterrassen des Landes haben, oder?

Darüber hinaus ist Utrecht die Stadt von Gerrit Rietveld, jenem Tischlersohn, der sich so wie Mondrian der Avantgardebewegung *De Stijl* angeschlossen hatte und im Sommer 1919 an der Utrechter *Van Ostadelaan* seinen legendären rotblauen Stuhl entwarf, bis heute eine Designikone. In Utrecht bekam Rietveld Gelegenheit, diesen Stuhl und damit die *De-Stijl*-Prinzipien architektonisch umzusetzen: Truus Schröder, eine verwitwete Anwaltsgattin mit drei Kindern, ließ sich von ihm am Stadtrand ein Einfamilienhaus bauen – das Rietveld-Schröder-Haus, seit 2000 auf der UNESCO-Liste des Weltkulturerbes. Ich brauche euch nicht zu sagen, dass auch dieses Haus einen Besuch wert ist. Vielleicht wollt ihr es ja auf eigene Faust entdecken.

Uns fehlt dazu die Zeit, uns bleiben nur noch drei Kapitel. Da möchte ich euch gerne noch das Nationalsymbol des

Landes näher vorstellen, die Tulpe. Auch mit den deutsch-niederländischen Beziehungen müssen wir uns noch befassen und der wundersamen Wandlung, die das Deutschlandbild der Niederländer vollzogen hat. Und dann ist da noch eine Stadt, die ich mir bis zum Schluss aufgehoben habe, weil sie mir ganz besonders am Herzen liegt.

Aber wisst ihr was? Jetzt sucht ihr euch erst mal einen schönen Platz auf einer Terrasse da unten an der Gracht und genießt das mittelalterliche Utrecht. Nachher hole ich euch wieder ab, und dann tauchen wir in die deutsch-niederländische Geschichte ein, dreißig Kilometer weiter östlich, in Doorn. *Afgesproken?*

Schwere Zeiten

Der Kaiser

Auf dem Schreibtisch liegt noch immer sein Briefpapier samt Feder und Brille. Im Schlafzimmer hängt sein Morgenmantel, unter dem Bett stehen seine Pantoffel. Und im Speisesaal mit dem riesigen Kronleuchter ist der Tisch festlich gedeckt, als würde gleich der europäische Hochadel für ein Galadiner anrücken.

Gefühlte Geschichte in *Huis Doorn,* der letzten Residenz des letzten deutschen Kaisers: Nirgendwo kommt man Wilhelm II. so nahe wie in dieser zum eleganten Landhaus umgebauten Wasserburg aus dem 14. Jahrhundert unweit von Utrecht. Alles sieht immer noch so aus, als würde er nur mal schnell im Schlosspark mit einem seiner Dackel nach Luft schnappen und gleich wieder zur Tür hereinkommen. Vielleicht hat er auch beim Gärtnern und Holzhacken die Zeit vergessen, seinem letzten großen Hobby. Im Park sollen Tausende Bäume der Axt des abgedankten Monarchen zum Opfer gefallen sein. Deshalb auch sein Spitzname: Gärtner von Doorn. Mehr als zwanzig Jahre verbrachte er im niederländischen Exil, bis zu seinem Tod am 4. Juni 1941. Hier im Park liegen auch seine sterblichen Überreste, in einem nach seinen Entwürfen gestalteten Mausoleum.

Heute ist *Huis Doorn* ein einzigartiger Erinnerungsort an ein dunkles Kapitel der europäischen Geschichte, an dem man auf den Spuren des letzten deutschen Kaisers wandeln kann. Trotzdem ist dieses Museum bisher noch ein Geheimtipp, vor allem, was deutsche Besucher betrifft. Vielleicht auch deshalb, weil insbesondere wir Deutschen in solchen Fällen schnell Berührungsängste haben. So als würde es hier um einen Ort der Verherrlichung, Verehrung oder Verklärung gehen. Ich kann euch versichern: Das Gegenteil ist der Fall! Nicht umsonst wurde *Huis Doorn* 2018 in den »Kanon der Niederlande« aufgenommen, zu dem die wichtigsten Orte, Geschehnisse und Personen der Nation gehören. Denn wer *Huis Doorn* besucht, bekommt nicht nur Einblicke in die Hofkultur Europas und das Leben eines Mannes, der einer der Hauptakteure des Ersten Weltkriegs war, sondern auch in die niederländische Neutralitätspolitik.

Sie war der Grund, weshalb der deutsche Kaiser hier um Asyl gebeten hatte. Die letzte Phase des Ersten Weltkriegs fiel mit dem Ausbruch der Novemberrevolution in Deutschland zusammen; um einer erzwungenen Abdankung zu entgehen, begab sich Wilhelm II. im Herbst 1918 ins Hauptquartier der deutschen Truppen im belgischen Spa. Doch nachdem Philipp Scheidemann in Berlin am 9. November 1918 aus einem Fenster des Reichstags heraus das Ende des Kaiserreichs verkündet und die Republik ausgerufen hatte, wusste der Kaiser, er würde sich nicht halten können, und gab die Hoffnung auf eine sichere Rückkehr nach Berlin auf. Einen Tag später reiste er an die niederländische Grenze, um Asyl zu beantragen. Es wurde ihm innerhalb von 24 Stunden gewährt – allerdings unter strengen Bedingungen, denn wirklich erfreut war Den Haag über den kaiserlichen Asylbewerber nicht. Zunächst wurde für ihn auf Schloss Amerongen ein vorläufiges Dach über dem Kopf gefunden, dort unterzeichnete er auch seine Abdankungsurkunde. Dann konnte er zehn Kilometer weiter nordwestlich *Huis Dorn* erwerben. Er musste dazu zwei seiner Privatjachten verkaufen.

Der Unterstützung der damaligen Königin Wilhelmina allerdings konnte sich der abgedankte Kaiser sicher sein (auch wenn sie die nach außen hin nicht demonstrierte): Wilhelmina kannte den Kaiser gut, sie nannte ihn sogar Onkel Willy. Als Kind hatte sie fast jeden Sommer ein paar Tage am kaiserlichen Hof in Berlin verbracht. Außerdem dürfte sie wie der restliche europäische Hochadel besorgt gewesen sein: Nur vier Monate zuvor, in der Nacht vom 16. auf den 17. Juli 1918, war die russische Zarenfamilie ermordet worden, ein Jahr nach deren Sturz.

Wilhelm musste sein Exil selbst finanzieren. Er stand permanent unter Polizeibewachung und durfte sich lediglich in einem Radius von 15 Kilometern um *Huis Doorn* herum frei bewegen. Politische Äußerungen hatte er zu unterlassen, seine Post wurde kontrolliert. Als er einzog, rückten vierzig Lakaien an – und mit ihnen um die sechzig Eisenbahnwaggons mit Möbelstücken, Porzellan, Silber, Teppichen und Gemälden aus den Schlössern in Berlin und Potsdam.

Auf den kaiserlichen Kommoden und Sekretären im niederländischen Exil stehen nach wie vor unzählige Fotos von Wilhelms Enkeln und Urenkeln, darunter die spanische Königinmutter Sophia und Griechenlands Ex-König Konstantin. Unglaublich, wie weit die Verwandtschaft dieses Mannes reichte! Oder wusstet ihr etwa, dass die britische Queen Victoria Wilhelms Großmutter war? Der Glockenturm neben der kaiserlichen Garage auf dem Landgut erinnert daran: Die Glocken klingen genauso wie die vom Big Ben in London – ein Geschenk, das ihm 1929 seine Kinder und seine zweite Frau Hermine von Reuß zum siebzigsten Geburtstag gemacht hatten.

Hermines großes Ziel (und auch das von Wilhelm) war die Rückkehr als kaiserliches Paar nach Berlin. Die Machtergreifung der Nazis verstärkte diese Hoffnung: Der leichtgläubige Kaiser machte sich Illusionen, die Nazis würden für die Wiederherstellung der Hohenzollernherrschaft in Deutschland sorgen. Hermine, die im Gegensatz zu ihm frei reisen durfte, war mehrmals in Berlin und unterhielt enge Kontakte mit einflussreichen Nazis; sie sorgte auch dafür, dass Hermann Göring den abgedankten Kaiser bereits vor der Machtergreifung der Nazis gleich zweimal auf *Huis Doorn* besuchte.

Ein überzeugter Nazi allerdings, und da sind sich viele Historiker einig, war Wilhelm II. nicht. Was man ihm vorwerfen kann, ist eine ambivalente Haltung und ein taktischer Flirt mit den Nazis. »Er war und blieb ganz einfach ein exzentrischer Opportunist«, sagte mir der Utrechter Professor für Geschichte Jacco Pekelder. Bereits nach dem zweiten Besuch von Göring im Mai 1932 begann Wilhelm II. zu ahnen, dass sich seine Hoffnung auf eine Rückkehr auf den Thron nicht erfüllen würde und Hitler doppeltes Spiel mit ihm spielte. Denn dem konnte es nur recht sein, der alten Elite in Deutschland zu demonstrieren, dass sogar der ehemalige Kaiser hinter ihm stand. Selbst hielt er ihn jedoch auf Distanz. Aber Wilhelm II. dachte nicht daran, sich einseitig von den Nazis instrumentalisieren zu lassen: Enttäuscht bestimmte er in seinem Testament, dass seine Bestattung ohne Hakenkreuzflaggen stattfinden solle und eine Umbettung in oder auf deutsche Erde erst nach der Wiedererrichtung der Monarchie in Deutschland erlaubt sei.

Wilhelm II. starb am 4. Juni 1941 mit 82 Jahren in seinem Bett auf *Huis Doorn* an einer Lungenembolie. »Es geht mit mir zu Ende, ich versinke, ich versinke«, sollen laut Hermine seine letzten Worte gewesen sein.

Die Bestattung fand fünf Tage später im Schlosspark statt, einen Steinwurf von der großen Adlerskulptur und den fünf Steinplatten entfernt, unter denen seine Dackel begraben liegen. Hitler schickte einen riesigen Kranz mit einem persönlichen Gruß. Entgegen dem letzten Wunsch des ehemaligen Kaisers ließ die NS-Führung Wehrmachtssoldaten in Doorn aufmarschieren und Nazis zur Trauerfeier erscheinen. Denn knapp ein Jahr vor Wilhelms Tod waren die Deutschen im Mai 1940 in die Niederlande einmarschiert. Dieses Mal hatte seine Neutralität das kleine Land am Rheindelta nicht schützen können. Ein rabenschwarzes Kapitel der niederländischen Geschichte hatte begonnen.

Der Krieg

Es gibt einen Moment im Jahr, da fühle ich mich als Deutsche in den Niederlanden nach wie vor nicht sehr wohl in meiner Haut. Das ist die *Dodenherdenking* am 4. Mai gegen acht Uhr abends, wenn die Niederländer ihrer Toten gedenken. König Willem Alexander legt auf dem *Dam* in Amsterdam einen Kranz nieder. Und dann, um Punkt acht Uhr, steht das ganze Land still, zwei Minuten lang. Die mehr als 300 Züge, die zu diesem Zeitpunkt unterwegs sind, stoppen. Alle. Auf den Straßen fahren die Autofahrer an den Seitenstreifen. Auf dem nationalen Flughafen Schiphol finden zwischen 19:50 und 20:03 Uhr weder Starts noch Landungen statt. Kinos passen ihre Programme an, damit Filme nicht unterbrochen werden müssen. Supermärkte schließen früher, und auch Restaurantbesucher lassen für zwei Minuten Messer und Gabel sinken. Beeindruckend ist es, ergreifend – aber, wie gesagt, als Deutsche beschleicht mich dabei auch ein beklemmendes Gefühl. Selbst wenn inzwischen nicht mehr nur der Toten des Zweiten Weltkriegs gedacht wird, sondern aller niederländischer Zivilisten und Militärs, die seitdem in Kriegssituationen weltweit ums Leben gekommen sind.

Denn so lange ist es noch nicht her, dass wir Deutsche ein Land überfielen, das sich zu diesem Zeitpunkt mehr als 130 Jahre aus den Kriegen in Europa herausgehalten hatte. Für die Niederländer war dieser Überfall ein nationales Trauma, das sie nach wie vor bewegt. Für das Verständnis der deutsch-niederländischen Beziehungen ist es unerlässlich, die Geschehnisse zwischen 1940 bis 1945 zumindest in groben Zügen zu kennen. Auch in dieser Gebrauchsanweisung dürfen sie nicht fehlen. Und deshalb möchte ich sie für euch im Zeitraffer zusammenfassen.

Am 10. Mai 1940 sehen niederländische Beobachter in den frühen Morgenstunden Bomber der deutschen Luftwaffe Richtung Nordsee fliegen. Sie glauben, sie seien auf dem Weg nach Großbritannien. Doch über dem Meer machen die Maschinen eine 180-Grad-Wende und fliegen zurück, um die Niederlande anzugreifen. Gleichzeitig sind in dieser Nacht bei Arnheim deutsche Truppen über die Grenze einmarschiert. Es ist ein Überfall mit dem höheren Ziel, Frankreich zu besiegen: Nach Dänemark und Norwegen überrollt Nazideutschland in diesem Blitzkrieg nun auch die Beneluxländer, um so die Verteidigungslinie der Franzosen an deren Ostgrenze zu umgehen und über den Norden in Paris einzumarschieren. Was den deutschen Truppen nur einen Monat später, am 14. Juni 1940, auch gelingen wird.

Doch ausgerechnet die Niederländer, jenes »germanische Brudervolk«, von dem Hitler denkt, es werde sich nur allzu gerne und ohne weitere Probleme dem Dritten Reich einverleiben lassen, leistet mehr Widerstand als erwartet. Die Antwort aus Berlin lässt nicht lange auf sich warten. Hermann Göring, Oberbefehlshaber der Luftwaffe, will ein Exempel statuieren und die Niederlande zur Kapitulation zwingen. Am 14. Mai 1940, es ist früh am Nachmittag, tauchen sie über Rotterdam auf und schwärzen den Himmel: neunzig Heinkel-Flugzeuge, die innerhalb von 13 Minuten fast 1300 Bomben abwerfen. Zwei Tage lang steht Rotterdam in Flammen. Als der letzte Brand am 16. Mai gelöscht werden kann, hat die Stadt ihr Herz verloren: Die historische Altstadt ist ausradiert, nur noch der Turm der *Laurenskerk* ragt in den Himmel. Mehr als 800 Menschen sind ums Leben gekommen, 80 000 obdachlos geworden.

Einen Tag zuvor haben die Niederlande kapituliert. Königin Wilhelmina ist mit der Regierung ins Exil nach London geflüchtet. Hitler setzt in Den Haag eine neue Regierung ein, mit dem österreichischen Nazi Arthur Seyß-Inquart als Reichskommissar an der Spitze.

Was folgt, sind fünf Jahre Unterdrückung und Ausbeutung: Rund 300 000 niederländische Männer im Alter zwischen 18 und 45 Jahren müssen in deutschen Fabriken Zwangsarbeit leisten, 8000 kommen bei diesem »Arbeitseinsatz« ums Leben. Der Anteil der ermordeten Juden ist in den Niederlanden nach Polen der höchste in Europa. Von den ursprünglich 140 000 jüdischen Niederländern überleben nur 38 000.

Zu den Opfern gehört auch die aus Deutschland emigrierte Familie Frank. Zwei Jahre lang hat sie sich in einem Hinterhaus in Amsterdam versteckt, dort schrieb Anne Frank ihr weltberühmtes Tagebuch. 1944 wird die Familie verraten. Anne Frank und ihre Schwester Margot sterben im März 1945 in Bergen-Belsen.

Große Teile im Süden der Niederlande konnten die Alliierten zu diesem Zeitpunkt bereits befreien, von Zeeland über Nordbrabant bis hin zu Nimwegen in Gelderland. Eigentlich hofften sie nach ihrer Invasion in der Normandie im Juni 1944, den Krieg noch vor Weihnachten zu beenden. Sie wollten die strategischen Brücken über die drei breiten Flüsse Maas, Waal und Rhein bei Nimwegen und Arnheim erobern, um von dort aus ins Ruhrgebiet vorzustoßen, ins Herz der deutschen Rüstungsindustrie. Das jedenfalls war das Ziel der *Operation Market Garden,* mit 35 000 Fallschirmspringern die größte Luftlandeaktion der Kriegsgeschichte.

Doch die Alliierten kamen nur bis zur Waalbrücke in Nimwegen. Im September 1944 war das. Die nächste Brücke über den Rhein bei Arnheim, so die berühmten Worte des britischen Kommandanten Frederick Browning, war »a bridge too far« – eine Brücke zu weit. Die *Operation Market Garden* scheiterte.

Auf die Menschen in Arnheim und im Norden der Niederlande wartete der Hungerwinter 1944/45. 18 000 starben an Unterernährung, viele überlebten nur, weil sie sich von Tulpenzwiebeln ernährten. Für sie kam die Befreiung – so wie für ganz Europa – erst im Mai 1945.

»A Bridge too Far« – »Eine Brücke zu weit«
So lautet auch der Originaltitel des Hollywoodklassikers mit Stars wie Robert Redford, Anthony Hopkins oder Sean Connery, der in Deutschland unter dem Titel »Die Brücke von Arnheim« bekannt ist. Wer wissen will, an welcher Uferstelle Robert Redford ins Boot stieg und in welchem Hotel Sean Connery sein Skript zum Abschluss in den Papierkorb warf (und ein Zimmermädchen, das es wieder herausfischte, glücklich und ein kleines bisschen

reicher machte), kann eine fünfzig Kilometer lange Radtour entlang der Drehorte machen.

Wer mehr über die *Operation Market Garden* erfahren will, dem kann ich nur einen Besuch im *Airborne Museum* in Oosterbeek bei Arnheim ans Herz legen! Ein sehr beeindruckendes und wirklich gut gemachtes Museum ist auch das *Vrijheidsmuseum* in Groesbeek bei Nimwegen, das nationale Freiheitsmuseum. Es widmet sich der Vorkriegszeit, den Jahren der Besatzung und der Befreiung und stellt die Freiheit als universellen Wert in den Fokus.

Die Kapitulation

Rund zwanzig Kilometer westlich von Arnheim liegt Wageningen. Wissenschaftlern in aller Welt ist die Stadt wegen ihres renommierten landwirtschaftlichen Universitäts- und Forschungszentrums ein Begriff: Hier wird die Landwirtschaft der Zukunft entworfen. In den Niederlanden aber ist die Gemeinde mit ihren 40 000 Einwohnern noch aus einem anderen Grund berühmt: Wageningen ist Befreiungsstadt. Im Hotel de Wereld, einem stattlichen Backsteineckbau im Ortszentrum mit gelb-weiß gestreiften Markisen, bekamen die Niederländer 1945 ihre Freiheit zurück.

Neugierig spähe ich durch die große Fensterscheibe. In diesem holzvertäfelten Raum unterschrieb der deutsche General Johannes Blaskowitz die Kapitulationsbedingungen. Ob das Fischgrätparkett damals auch schon da lag? Heute heißt der Speisesaal *Grote Capitulatiezaal* und kann für Abendessen mit bis zu hundert Personen reserviert werden. Auch für Konferenzen sei er sehr beliebt, versichert mir ein Mitarbeiter. Kein Wunder, findet er: Für ein Unternehmen gebe es schließlich keinen schöneren Ort, um ein offizielles

Dokument zu unterschreiben, als diesen hier, wo einst der Frieden besiegelt wurde!

Es war der kanadische General Charles Foulkes, der Johannes Blaskowitz am 5. Mai 1945 hierher beorderte. Und dann kannte der Jubel keine Grenzen mehr: Der 5. Mai wurde zum nationalen Befreiungstag. Bis heute wird er ausgelassen gefeiert, vor allem in Wageningen: Hier wird in der Vornacht das Freiheitsfeuer entfacht und von Staffelläufern im ganzen Land verteilt.

Den Tisch, an dem die Generäle saßen, gibt es heute noch. Er steht allerdings nicht mehr im Hotel de Wereld, sondern ein paar Straßen weiter im historischen Museum von Wageningen, im *Casteelse Poort*. Theo Guiking erwartet mich schon, er ist einer von sechzig ehrenamtlichen Mitarbeitern, die durch das Museum führen, und gilt als inoffizieller Direktor – weil kaum ein anderer so viel über die Geschichte der Stadt weiß wie der ehemalige Uni-Dozent. Der berühmte Tisch steht oben im ersten Stock. Schwarz-Weiß-Fotos zeigen ihn mit den beiden Generälen, ihren Dolmetschern und dem deutschstämmigen Schwiegersohn von Königin Wilhelmina, Prinz Bernhard zur Lippe Biesterfeld – umringt von rund fünfzig Journalisten und Fotografen. Auch Audioaufzeichnungen der Kapitulationsbesprechungen sind erhalten – hörbare Geschichte. Fasziniert lausche ich den blechernen Stimmen, der herrischen des kanadischen Generals und der – so jedenfalls klingt es in meinen Ohren – etwas kleinlauten von Blaskowitz. Oder bilde ich mir das nur ein?

Die Dolmetscher hätten sich damals eigentlich erübrigt, erfahre ich. Prinz Bernhard konnte schließlich Deutsch. Aber er soll sich geweigert haben, mit General Blaskowitz deutsch zu sprechen. Für Zwischentöne war nach Kriegsende kein Raum. Es gab nur Schwarz und Weiß. Theo Guiking seufzt. »Wir dürfen nicht vergessen, was damals passiert ist. Damit es nie wieder passiert. Aber wir dürfen nicht in der Vergangenheit hängen bleiben«, betont er. »Befreiung ist etwas aus der Vergangenheit. Der Freiheit hingegen gehört unsere Zukunft.«

Der alte Mann weist auf eine mit Briefchen übersäte Wand: Museumsbesucher haben darauf festgehalten, was Freiheit für sie bedeutet. »Freiheit heißt, dass es nie mehr eine Anne Frank geben muss«, hat ein Mädchen geschrieben. »Ohne Angst leben zu können, das ist Freiheit«, steht auf einem anderen Briefchen.

Vor allem die jungen Leute würden bei Deutschland nicht mehr automatisch als Erstes an den Krieg denken, erzählt Theo Guiking. »Wenn wir sie darauf ansprechen, fragen sie zurück: Krieg? Welchen Krieg meinst du?« Die Zeit habe ihre Arbeit getan, findet er, als wir die knarzende alte Holztreppe in seinem kleinen Museum wieder runtergehen. Mehr als 75 Jahre nach Kriegsende habe sich das Verhältnis zu den Deutschen entkrampft und normalisiert.

Endlich. Es hat lange genug gedauert.

Ziemlich gute Freunde

Noch um die Jahrhundertwende war das Deutschlandbild der Niederländer stark vom Zweiten Weltkrieg geprägt und von einer äußerst niedrigen Schmerzgrenze. Nur allzu leicht rissen alte Wunden wieder auf. Viele Niederländer pflegten ihre Vorurteile geradezu hingebungsvoll – und mit ihnen das Schwarz-Weiß-Bild »gute Niederländer – schlechte Deutsche«. Die Deutschen waren alle Nazis, die Niederländer hingegen waren geschlossen in den Widerstand gegangen. Sämtliche Grautöne blieben auf der Strecke. Als anständiger Niederländer gehörte es sich nicht, Deutsche zu mögen. Das war der Nachkriegsgeneration mit der Muttermilch eingeflößt worden. Mit den *Moffen,* so das traditionelle Schimpfwort für die Deutschen, wollte man nichts zu tun haben. Noch 1994, fast fünfzig Jahre nach Kriegsende, musste die damalige Königin Beatrix in ihrer Weihnachtsrede zum Brückenbauen mit dem ehemaligen Feind aufrufen.

Beatrix hat die feindselige Haltung ihres Volkes den Deutschen gegenüber am eigenen Leib erfahren. In den 1960er-

Jahren, als sie noch Kronprinzessin war, wurde sie von einem Fotografen Händchen haltend mit einem unbekannten Mann im Schlosspark erwischt. Als sich herausstellte, dass es sich bei diesem Mann um einen Deutschen handelte, war die Entrüstung grenzenlos. »Claus, raus!«, schallte es durchs Land. Bei der Hochzeit 1966 kam es zu schweren Krawallen.

Nicht weniger hoch schlugen die Wellen der Empörung 1989, als die beiden noch lebenden deutschen Kriegsverbrecher im Kuppelgefängnis von Breda freigelassen wurden. An diesem Tag wollte niemand Deutsch hören, noch nicht einmal »Gute Nacht, Freunde« – jenes Lied von Reinhard Mey, mit dem seit 1976 ein Nachtprogramm im niederländischen Radio beginnt und endet. Und die niederländische Schriftstellerin Anna Enquist erzählte mir einmal, dass sie in den 1990er-Jahren vor ihrer Lesereise durch Deutschland Angstzustände bekam, da sie bisher immer einen großen Bogen um Deutschland gemacht hatte oder, wenn es wirklich nicht anders ging, ganz schnell und ohne anzuhalten, hindurchgefahren war.

Genau zu dieser Zeit war ich in die Niederlande umgezogen, und auch ich musste zuweilen noch auf Zehenspitzen gehen. Es fing mit flapsigen Bemerkungen über meinen Hund an (»Solltest du dir nicht besser einen deutschen Schäferhund anschaffen?«) und hörte auf bei abgebrochenen Antennen an den (deutschen) Autos meiner Freunde, die mich in den Niederlanden besuchten. Die mussten manchmal auch in Kauf nehmen, dass sie mit ihrem deutschen Kennzeichen auf der Autobahn geschnitten wurden. Widerstandstaten mit fünfzig Jahren Verspätung, begangen von »hauptberuflichen Deutschenhassern«, wie es Henk Hofland einst formulierte, ein renommierter niederländischer Journalist.

Mein persönliches Schlüsselerlebnis hatte ich 1994 während der Olympischen Winterspiele in Lillehammer. Ich saß mit holländischen Freunden vor dem Fernseher, als Deutschland Gold im Biathlon gewann. Kommentar des Sportmoderators, wohlgemerkt im öffentlich-rechtlichen Fernsehen: »Das können sie, die Deutschen: schießen und dann in den Wald abhauen.« Mir fiel die Kinnlade runter, aber meinen holländischen Freunden war das gar nicht aufgefallen. Die redeten einfach weiter, schenkten sich noch ein *kopje koffie* ein. *German bashing* könnte man das wohl im Nachhinein nennen, das gehörte dazu, das war normal.

Tatort: Fußballfeld

Ein besonders beliebter Spielplatz zum Austoben antideutscher Gefühle war lange Zeit das Fußballfeld – erst recht nach dem WM-Finale 1974, als die Niederländer mit Stars wie Johan Cruijff als haushohe Favoriten galten, aber dennoch gegen Deutschland verloren. Diese Schlappe wurde ebenfalls zu einer Art nationalem Trauma. 1988 konnte sie zumindest ein bisschen wettgemacht werden, als die Niederländer es endlich schafften, Fußballeuropameister zu werden. Zumal sie zuvor im Halbfinale im Hamburger Volksparkstadion die Deutschen 2:1 ausschalten konnten. Auf den Tribünen schwenkten übermütige Oranje-Fans Spruchbänder: *»Oma, ik breng je je fiets terug«*, Oma, ich bring dir dein Rad zurück! Der Sieg über die Deutschen als Revanche für die Konfiszierung des niederländischen Nationalheiligtums Fahrrad während der Besatzungszeit.

Und nach dem Trikotwechsel feierte der niederländische Libero Ronald Koeman den Triumph über den Erzfeind Deutschland, indem er sich breit grinsend mit einem deutschen Trikot über das behoste Hinterteil wischte. Er hat sich später dafür entschuldigt.

Nach diesem EM-Sieg platzten die Niederländer vor Selbstbewusstsein, sie waren sich so sicher wie seit 1974 nicht mehr, dass sie 1990 in Italien nun auch endlich erstmals Weltmeister werden würden. Kaum nachvollziehbar, wie riesig ihr Frust gewesen sein muss, als sie stattdessen ausschieden – und Deutschland Weltmeister wurde. Auch für Frank Rijkaard war dieser dritte deutsche WM-Sieg mindestens einer zu viel. Fußballfans wissen, was ich meine: das berühmt-berüchtigte Spuckintermezzo, als Rijkaard seinem deutschen Gegenspieler Rudi Völler hinterherspuckte und der eine volle Ladung flüssig gewordene Verachtung ins Haar bekam. Prompt machten Witze über ein neues Shampoo die Runde: »*Rijkaard:* Macht Ihr Haar völler.«

Dem deutsch-niederländischen Verhältnis allerdings war das Ganze nicht gerade förderlich. Wir Deutschen wurden weiterhin auf Abstand gehalten. Deutschland mochte wichtigster Handelspartner sein, aber nur weil man an den Deutschen Geld verdiente, brauchte man sie noch lange nicht zu mögen. Wir waren uns natürlich darüber bewusst, dass wir auch an den Stränden nur deshalb erwünscht waren, weil wir die Kassen klingeln ließen, es ansonsten aber verdienten, uns dort einen Sonnenbrand zu holen – erst recht, wenn wir Strandkuhlen gruben und die zum besetzten Gebiet erklärten. Und wenn wir uns in den niederländischen Städten verirrten und nach dem Weg fragten, machte es sich so mancher Niederländer zum Sport, uns in die falsche Richtung zu schicken.

Wundersame Wandlung

Dennoch begann sich das Verhältnis Ende der 1990er-Jahre langsam zu entkrampfen. Das liegt an mehreren Faktoren. Einer der wichtigsten ist die berühmt-berüchtigte Clingendael-Untersuchung, die 1993 unter jungen Niederländern zwischen 15 und 19 Jahren durchgeführt wurde. Sie bewies, wie stark das Deutschlandbild der Niederländer fast ein halbes Jahrhundert nach Kriegsende immer noch vom Zweiten Weltkrieg geprägt war: 71 Prozent der Befragten hielten die Deutschen für herrschsüchtig und 46 Prozent sogar für kriegslüstern.

Ein heilsamer Schock war die Folge, das wollte ja so gar nicht zum Selbstbild einer toleranten, offenen Nation passen. In den Jahren darauf ergriff Den Haag zusammen mit dem Goethe-Institut und der deutschen Botschaft eine ganze Reihe von Gegenmaßnahmen. Nach dem Vorbild des deutsch-französischen Jugendwerks und dem Motto *»onbekend maakt onbemind«* (»was man nicht kennt, kann man auch nicht lieben«) wurden Unterrichtsbroschüren herausgebracht und Austauschprogramme aufgestellt für Schüler, Studenten und Journalisten. Im niederländischen Geschichtsunterricht stehen seitdem nicht mehr nur Hitler und die Nazizeit im Zentrum, sondern auch die Entwicklung Deutschlands zu einer modernen Demokratie.

So wurde der Grundstein gelegt für eine, wie ich sie gerne nenne, wundersame Wandlung. Sie setzte nach der Jahrhundertwende ein: Auf einmal wurde Deutschland zum Vorbild und gepriesen, deutsche Tugenden wie Pünktlichkeit, Durchsetzungskraft, Höflichkeit, Fleiß und Gründlichkeit standen hinter den Deichen plötzlich hoch im Kurs. Die Niederländer waren dabei, ihr Nachbarland, sprich: uns, neu zu entdecken. Immer mehr niederländische Arbeitgeber holten sich Arbeitnehmer aus Deutschland. »Deutsche sind in der Regel gut ausgebildet, pflichtbewusst und tüchtig«, erklärte mir ein niederländischer Unternehmer aus dem Grenzgebiet. »Was sie oft noch lernen müssen, ist Eigeninitiative zu ergreifen und nicht immer auf Anordnungen von oben zu warten.« Dass es in den Niederlanden kaum Hierarchiedenken gebe und der Chef nicht auf einem Podest stehe – diese Umstellung falle seinen deutschen Mitarbeitern immer am schwersten. Was andererseits für einen Chef auch so seine Vorteile habe: »Meine deutschen Arbeitnehmer widersprechen mir weitaus weniger als meine niederländischen.«

Auch als Reiseland wurde Deutschland immer beliebter. Bei jungen Leuten stand und steht zum Beispiel Berlin hoch im Kurs. An vielen Schulen ist die deutsche Hauptstadt bei Klassenreisen das beliebteste Ziel, da können selbst Paris und London nicht mehr mithalten. Der niederländische ADAC, der ANWB, brachte sogar fünf Sonderseiten »Deutschland für Anfänger« heraus, und in Reiseführern erschienen reihenweise gut gemeinte Tipps, um den Deutschlandurlauber gewappnet über die Grenze zu schicken: Bei Rot stehen bleiben, hieß es da, bloß nicht gleich jeden plump duzen oder mit dem Vornamen anreden. Wildfremden Leuten auch keine drei Küsschen auf die Wangen drücken, sondern Abstand halten und die Hand geben. Und auf den Autobahnen sofort wieder rechts einordnen, sonst denkt ganz Deutschland wirklich, dass NL »nur links« bedeutet!

Von der wundersamen Wandlung zeugte auch die Qualitätszeitung *Volkskrant:* 2004 listete sie auf einer ganzen Seite auf, weshalb in Deutschland alles besser sei, angefangen bei den Brötchen bis hin zum öffentlich-rechtlichen Rundfunk, und brachte ein Jahr später im Sommer eine Sonderbeilage voller Tipps über Deutschland heraus. *Duitsland is ok!,* stand in fetten Lettern auf dem Titelblatt. Ich musste beim Frühstück gleich zweimal gucken, als ich das sah, und kam auch beim Lesen aus dem Staunen nicht heraus: Trinke deutschen Wein und trage Birkenstock. Kauf ein bei Tchibo – und freu dich über deutsche Knöllchen, denn nicht nur Essen und Taxifahren, auch Falschparken und Geschwindigkeitsüberschreitungen sind in Deutschland weitaus billiger als in den Niederlanden.

Noch mehr Bewunderung folgte 2006 nach der Fußballweltmeisterschaft in Deutschland. »Toll, wie ihr das hingekriegt habt!«, bekam ich mehrfach zu hören. Diese WM hat uns Deutschen viel Lob und Respekt und zahlreiche Sympathiepunkte eingebracht.

Neues Selbstbild

Maßgeblich verantwortlich für das Entstehen eines positiven Deutschlandbildes aber ist noch ein anderer Faktor: das ins Wanken gekommene Selbstbild der Niederländer. Gleich mehrere Ereignisse haben dafür gesorgt. Eines von ihnen ist der Völkermord von Srebrenica 1995: Niederländische Blauhelme konnten nicht verhindern, dass serbische Truppen die Moslem-Enklave einnahmen und mehr als 8000 Männer und Jungen ermordeten – das größte Blutbad auf europäischem Boden seit dem Zweiten Weltkrieg. Bis heute macht Srebrenica den Niederländern zu schaffen. »Die Amerikaner haben Vietnam«, heißt es zuweilen, »wir haben Srebrenica«.

Weitere einschneidende Ereignisse sind zwei politische Morde innerhalb von nur zwei Jahren: 2002 wurde der rechtspopulistische Exzentriker Pim Fortuyn von einem Umweltschützer getötet, zwei Jahre später der islamkritische Regisseur Theo van Gogh von einem islamistischen Fundamentalisten. Auf Basis dieser beiden Attentate konnte der

Rechtspopulismus hinter den Deichen zum Siegeszug ansetzen. Der Aufstieg von Geert Wilders und seiner Partei für die Freiheit PVV begann. Seitdem wird die sprichwörtliche niederländische Toleranz auf eine harte Probe gestellt: Denn inzwischen gehören die Niederlande, bislang Inbegriff für Liberalität und Weltoffenheit, zusammen mit Dänemark zu den Ländern mit den strengsten Immigrations- und Integrationsgesetzen Europas.

Polarisierte Polder

Am 6. Mai 2002 wurde Pim Fortuyn auf einem Parkplatz von einem fanatischen Umweltschützer erschossen. Sein Aufstieg und sein Tod haben in der niederländischen Gesellschaft einen tiefgreifenden Wandel ausgelöst. Der schwule Dandy mit Bentley, Butler und Schoßhündchen war der Erste, dem es gelang, das Tabu der scheinbar mustergültigen multikulturellen Gesellschaft hinterm Deich zu brechen: Er wies die Schattenseiten der Integrationspolitik auf – und damit die Arroganz der Macht, denn die etablierten Parteien hatten die Augen davor verschlossen. Bei den Parlamentswahlen 2002 löste seine Partei, die Liste Pim Fortuyn, ein politisches Erdbeben aus; in ganzen Scharen kamen den anderen Parteien die Wähler abhanden. Gut zwanzig Jahre nach Fortuyn hat sich das politische Zentrum in den Niederlanden deutlich nach rechts verschoben. Vieles, was er gefordert hatte, mutet heute harmlos an.

Parallel zu diesen Entwicklungen begannen die Niederländer, ihre eigene Vergangenheit kritisch unter die Lupe zu nehmen. Auf ihr Auftreten während der Kolonialzeit und des indonesischen Unabhängigkeitskriegs sind wir bereits eingegangen. Inzwischen setzen sie sich auch mit ihrer Haltung während der deutschen Besatzungszeit auseinander und stellen sich unbequemen Wahrheiten: dass die Nation keineswegs geschlossen in den Widerstand gegangen war und es in Wirklichkeit genauso viele Widerstandskämpfer wie Kollaborateure gab, nämlich nur vier Prozent. Oder dass der hohe Anteil der umgekommenen Juden auch auf die Folgsamkeit und Effizienz der niederländischen Behörden zurückzuführen war. Denn die Amsterdamer Beamten legten 1941 sogar Überstunden ein, um herauszufinden, wo genau in der Stadt Juden lebten. Nach nur knapp einem Monat konnten sie dem deutschen Beauftragten eine mit schwarzen Punkten übersäte Karte übergeben. Als Legende: *»Elke stip = 10 Joden«* – jeder Punkt = zehn Juden. Sie hängt im Widerstandsmuseum von Amsterdam.

Erst im Januar 2020 geschah das, worauf die jüdische Gemeinschaft in den Niederlanden seit Jahrzehnten gewartet hatte: Während der nationalen Holocaust-Gedenkfeier entschuldigte sich der damalige Premierminister Mark Rutte für das Verhalten der damaligen Regierung. »Wir haben versagt«, so Rutte. »Wir boten zu wenig Schutz und zu wenig Hilfe.«

Das alles hat dazu geführt, dass die Niederländer sich neu definieren müssen. Und wer anfängt, sich selbst mit anderen Augen zu sehen, der betrachtet in der Regel auch andere mit neuem Blick. Und so hat das Deutschlandbild der Niederländer Grautöne bekommen und ist sehr viel positiver geworden. Davon zeugt auch das nationale Befreiungsmuseum im niederländischen Groesbeek bei Arnheim: Seit 2019 heißt es sehr viel neutraler Freiheitsmuseum.

Am Abend des 4. Mai, wenn die Niederländer ihrer Toten und Gefallenen gedenken, bleiben sie zwar nach wie vor am liebsten unter sich. Aber der Befreiungstag am 5. Mai wird inzwischen als Freiheitstag vielerorts sogar zusammen mit Deutschen gefeiert. Für diesen Durchbruch hatte 2012 der damalige Bundespräsident Joachim Gauck gesorgt, der als erstes deutsches Staatsoberhaupt die Ansprache zum 5. Mai halten durfte. 2021 folgte Bundeskanzlerin Angela Merkel, wegen Corona nur per Videokonferenz.

Angela Merkel war als Bundeskanzlerin in den Niederlanden sehr beliebt. Sie wurde regelrecht verehrt. Es gibt sogar eine Tulpe, die nach ihr benannt wurde, rot mit orangefarbenem Rand. Die ehemalige Bundeskanzlerin war bisher das Erste, woran niederländische Schüler bei Deutschland dachten – das zumindest ist meine Erfahrung bei Umfragen auf der Straße. So wie 2020, als Rotterdam der Bombardierung vor achtzig Jahren gedachte. »Merkel!«, sagten die Jugendlichen wie aus der Pistole geschossen. Und dann: Berlin, Bratwurst, Bier, Oktoberfest, BMW, Porsche, Mercedes, Audi. In der Reihenfolge. Klassische Klischees, okay – aber alles besser, als bei Deutschland sofort an den Krieg zu denken.

Die Zeit der hauptberuflichen Deutschenhasser ist vorbei. Selbst in Rotterdam. Wenn ich dort alte Leute anspreche und sie frage, wie das damals vor rund achtzig Jahren war, als ihre Stadt ihr Herz verlor, dann werde ich weder schief angeguckt noch stehen gelassen, dann fangen sie bereitwillig an zu erzählen: Aus welcher Himmelsrichtung die Bomber an diesem Nachmittag Anfang Mai kamen. Wie und wo sie vor ihnen Schutz suchten. Wie sie ihre Stadt nach dem verheerenden Angriff wiederaufbauten. Und wie stolz sie darauf sind.

Ich bin mir sicher: Sogar in Rotterdam werden Deutsche, wenn sie nach dem Weg fragen, nicht mehr in die falsche Richtung geschickt. Es sei denn, ihr fragt, wo es denn hier zur Altstadt geht.

Rotterdam: Die Stadt mit vielen Herzen

»Huhu, hier bin ich!« Weiter hinten am Bahnsteig taucht Susannes blonder Haarschopf zwischen den Reisenden auf. Wir bahnen uns einen Weg aufeinander zu und fallen uns in die Arme. Susanne und ich kennen uns noch aus Studienzeiten. Einmal im Jahr treffen wir uns, entdecken zusammen eine unbekannte Stadt oder zeigen der anderen eine, die wir selbst schon kennen. Dieses Jahr bin ich dran. In den nächsten Tagen werde ich Susanne durch Rotterdam führen.

Ich liebe diese Stadt! »Es ist das Raue, Rohe, das Nicht-Polierte, was mich so fasziniert«, versuche ich, meiner Freundin zu erklären. »Die Aufbruchsstimmung, die hier in der Luft liegt. Diese Stadt ist ständig in Bewegung – bei jedem Besuch entdecke ich etwas Neues, jedes Mal sieht sie wieder anders aus!«

»So wie eine Frau, die immer was Neues zum Anziehen hat?«, entgegnet Susanne lächelnd, als wir den neuen Hauptbahnhof mit seinem spektakulär geschwungenen Dach durchqueren. »Genau!«, antworte ich. Lachend steuern wir auf den Ausgang mit der riesigen Glasfassade zu, die die Besucher regelrecht in die Stadt hineinsaugt: Wie ein einladendes Schaufenster gibt sie den Blick frei auf die in der Sonne blinkenden Wolkenkratzer aus Stahl und Glas, die sich rund um den Bahnhofsplatz türmen. »Bin ich hier etwa in den USA gelandet?«, staunt meine Freundin.

Das fragen sich viele, wenn sie erstmals in der holländischen Hafenmetropole ankommen. »Manhattan an der Maas« wird Rotterdam auch genannt. Oder »L. A. der Niederlande«. Die zweitgrößte Stadt des Landes ist nicht nur die dynamischste von allen, sondern auch die unholländischste: Hier gibt es so gut wie keine romantischen Kanäle und auch kein Kopfsteinpflaster mehr, sondern futuristische Hochbauten, einer höher und spektakulärer als der andere. Durch die breiten Straßenzüge pfeift immer der Nordseewind – Vorbote des Hafens, größter Europas und lange Zeit sogar weltweit Nummer eins. Denn nachdem deutsche Bomber im Mai 1940 das historische Zentrum ausradiert hatten, schauten die Stadtväter rigoros nach vorne. Ihr Motto: Skyline statt Grachtenidylle. Als moderne Stadt wurde Rotterdam wiederaufgebaut – und zum Mekka für Architekturfans aus aller Welt, die sehen wollen, wie sich die Crème de la Crème internationaler Architekten auf dieser Spielwiese ausgetobt hat.

An die Maitage 1940 erinnert ein Mahnmal auf dem *Plein 1940,* dem Platz 1940. »De verwoeste stad« heißt es, die verwüstete Stadt. Der russische Bildhauer Ossip Zadkine hat eine Skulptur geschaffen, die mit weit ausgestreckten Armen einen stummen Schrei gen Himmel auszustoßen scheint. Da, wo andere ihr Herz haben, klafft ein riesiges Loch. Lange Zeit galt Rotterdam als Stadt ohne Herz. Ihr historisches Herz hat sie zwar nicht zurückbekommen – »aber dafür schlagen überall verteilt nun viele neue kleinere Herzen«, versichere ich Susanne.

Eines meiner Lieblingsherzen liegt auf der anderen Seite der Maas, auf dem *Kop van Zuid,* dem Kopf des Südens. Von dieser ehemaligen Hafenlandzunge aus sind einst Hunderttausende von Europäern auf Schiffen der *Holland-Amerika-Lijn* HAL in die Neue Welt ausgewandert, nach Kanada oder New York. Eine der wichtigsten Anlegestellen war die Wilhelminapier, die deshalb auch Taschentuchpier genannt wird. Die Ankunfts- und Abfahrtshallen wurden für Kreuzfahrtschiffe renoviert, in vielen alten Speichergebäuden befinden sich heute Wohnungen, Galerien und Museen. Zwischen ihnen ragen Wolkenkratzer in den Himmel: Renzo Pianos schräger KPN-Telecom-Turm mit seiner Lichtwand, Roman Fosters World Port Center, der rote Backstein-Wohnturm Montevideo von Mecanoo aus Delft und, 2014 vollendet, *De Rotterdam* von OMA, dem Architekturbüro von Rem Koolhaas: ein Ensemble aus drei Wolkenkratzern mit Wohnungen, Büros und Läden, Restaurants, Fitnessstudio und Hotel. »Vertikale Stadt« wird der 150 Meter hohe Komplex auch genannt, weil hier gut 5000 Menschen wohnen und arbeiten können.

Den Sprung nach Süden auf den *Kop van Zuid* haben die Rotterdamer 1996 gewagt, mit dem Bau der *Erasmusbrug.* Elegant spannt sie sich über die Maas, 800 Meter lang, schneeweiß und gehalten von einem einzigen kühn geknickten Pylonen. *De Zwaan* heißt sie auch, der Schwan. Er hat dem jungen Architekten Ben van Berkel damals den Durchbruch beschert – und Rotterdam sein neues Wahrzeichen. Doch wir lassen die Erasmusbrücke erst mal links liegen und steigen stattdessen in das kleine Wassertaxi, das gerade im *Veerhaven* angelegt hat. Für mich gibt es keine schönere Art und Weise, zum *Kop van Zuid* überzusetzen!

»Gut festhalten!«, ruft der Kapitän. Der Nordwestwind ist an diesem sonnigen Herbsttag so stark, dass Schaumkronen auf der Maas tanzen. Ein langer Schlepper, der auf seinem

Weg zum Hafen vorbeizieht, bringt uns noch mehr ins Schaukeln, Wasser spritzt gegen die Scheiben. *»Komt goed!«,* lacht der Kapitän, als wir uns tutend dem äußersten Zipfel der Landzunge nähern. Dort steht ein kleines Backsteingebäude mit zwei leuchtend grünen Kupferdachtürmchen. Hinter ihm drängen sich die Wolkenkratzer. Es erinnert mich jedes Mal an einen unerschrockenen kleinen Lotsen, der Ozeanriesen im Schlepptau hat und Richtung Nordsee zieht. Das ist das Hotel New York. Da werden wir übernachten.

Unser Kapitän beginnt bereits abzubremsen, die Anlegestelle liegt gleich hinter dem Kunstwerk »Left Luggage«, einer Installation mit vergessenen Reisetruhen und Koffern, die der kanadische Künstler Jeff Walls ans Ufer gestellt hat. Er will damit an die vielen europäischen Emigranten erinnern, die von hier aus in die Neue Welt fuhren. *Landverhuizers* nennen die Niederländer sie, Land-Umzieher. Ein wunderschönes Wort finde ich, viel treffender als Auswanderer oder Emigranten. Schätzungsweise drei Millionen Menschen aus ganz Europa sind via Rotterdam aufgebrochen – darunter Thomas Mann und Albert Einstein, der deutsche Expressionist Max Beckmann, der niederländische Künstler Willem de Kooning und der mehrfache Schwimm-Olympiasieger und Schauspieler Johnny Weissmüller, der in Amerika als einer der ersten Tarzan-Darsteller unsterblich werden sollte.

Im Hotel New York befand sich einst das Verwaltungsgebäude der HAL. »Ach, deshalb heißt es so!«, ruft Susanne, als wir die wenigen Treppenstufen hochlaufen und durch die altmodische Holzdrehtür nach innen gelangen. Der einstige riesige Wartesaal ist heute ein Café-Restaurant. Da, wo die *landverhuizers* auf ihren Habseligkeiten saßen, können sich die Gäste nun an der Meeresfrüchtebar bedienen oder für den kleinen Hunger zwischendurch an der Kuchenvitrine. Wir begeben uns zur Rezeption, wo sich ein reich verziertes schmiedeeisernes Treppenhaus nach oben schraubt. Auch hier stehen ein paar altmodische Koffer, als hätte ein Reisender sie vergessen. Noch mehr *left luggage.* An der Wand hängen große Uhren und zeigen die Zeit in New York, Vancouver oder Montevideo an.

»Ich glaube, du bist ein bisschen verliebt in diesen Ort!« Susanne lächelt und schlägt mit der Handinnenfläche auf den nostalgischen Klingelknopf. Ertappt! Es ist das Fernweh, das hier in der Luft liegt, nicht nur im Hotel, überhaupt in diesem gesamten Gebiet. Das Loslassen und der Abschiedsschmerz, die Hoffnung und das Nach-vorne-Schauen.

Ich habe dafür gesorgt, dass wir ein Eckzimmer haben, mit Blick auf die Maas, Richtung Südwesten. Wennschon, dennschon. Das Licht schwappt von zwei Seiten herein, wir können den Schiffen flussabwärts folgen, bis sie am Horizont verschwinden. Rund zwei Kilometer weiter, am rechten Ufer, beugt sich die wuchtige blau-weiße Schifffahrtsschule übers Wasser wie eine Skulptur. Sie ist der Blickfänger vom *Lloydkwartier,* ein weiteres neues Herz. Von dort aus fuhren einst die Schiffe nach Batavia, ins heutige Jakarta. »Das will ich auch noch sehen!«, sagt Susanne und stellt den Crémant, den sie mitgebracht hat, in den Hotelzimmer-Kühlschrank. Obendrein will ich ihr natürlich auch noch den Hafen zeigen, der sich immer weiter hinaus Richtung Nordsee verschoben hat. Dort haben die Niederländer dem Meer neues Hafengelände abgerungen, die beiden *Maasvlaktes,* die Maasebenen I und II, speziell für die allergrößten Containerschiffe der Welt, die es auf bis zu 400 Meter bringen.

Aber jetzt steigen wir erst mal auf die Leihräder und *fietsen* über die Erasmusbrücke zurück ans Nordufer. 800 Meter, die ersten 400 mit leichtem, aber deutlichem Anstieg. Das zieht sich hin. »Ich komme mir vor wie auf einer Bergetappe der Tour de France«, stöhnt meine Freundin. »Den Mont

Ventoux rauf ist anstrengender!«, rufe ich zurück. »Sei froh, dass der Wind nicht frontal, sondern nur schräg von vorne kommt. Das ist wie hart am Wind segeln!«

Unser erster Halt sind Rotterdams berühmte Kubuswohnungen, knallgelb und grau leuchten sie uns entgegen, mit weißen Spitzen. Wir sehen sie schon von Weitem, als wir uns dem *Oude Haven* nähern: Wie ein zerklüftetes Gebirge mit beschneiten Gipfeln erheben sie sich hinter den im Wasser dümpelnden alten Holzschiffen und den Caféterrassen rund ums Hafenbecken. Die Würfelhäuser gehören zu den ältesten architektonischen Attraktionen der Hafenstadt. Sie entstanden 1984 nach einem Entwurf des 1999 verstorbenen Amsterdamer Architekten Piet Blom – ein Mann, der gerne Waldspaziergänge machte. So kam er auch auf die Idee: Die Menschen sollten wie in einem Wald leben, hoch oben in den Baumwipfeln. Wobei der Stamm ein gut fünf Meter hoher Betonpfeiler ist und der Wipfel ein Würfel, der mit einer seiner Ecken auf den Pfeiler gestellt wurde – wodurch die Bewohner zwischen schiefen Wänden hausen.

Auch von einer berühmten Brücke ließ sich Blom inspirieren: der Ponte Vecchio in Florenz. Denn die Würfelhäuser stehen auf einer Fußgängerbrücke, die über eine mehrspurige Durchgangsstraße führt. Unter uns braust der Verkehr, ganz oben wird gewohnt, und dazwischen, in diesem Wald aus Betonstämmen und Palmenkübeln, spielen Kinder und flanieren Spaziergänger.

Susanne legt den Kopf in den Nacken. »Kann man da drin wirklich leben?« Ed de Graaf, mit dem wir uns verabredet haben, ist diese Frage gewöhnt. »Man muss schon etwas Fantasie haben. Und sich anpassen«, schmunzelt er. Der Rotterdamer Unternehmer gehört zu den allerersten Bewohnern der Kuben. Inzwischen ist er nur noch in den Wintermonaten hier. Für den Rest des Jahres wird sein Baumhaus zum

Kijk-Kubus, ein Guck-Kubus, den man besichtigen kann. Neugierig betreten wir den Betonstamm. Er dient als Treppenhaus und Abstellraum. »Wo sollte ich sonst mein *fiets* lassen?«, brummt Ed. Oben im ersten Stock befinden sich Wohnzimmer und offene Küche. 25 Quadratmeter. Die Fenster in den Kubuswänden neigen sich nach außen, wir können direkt runter auf das Treiben auf der Brücke schauen. »Man darf die Fenster bloß nicht zu weit aufmachen. Damit nichts rausfällt«, erklärt Ed. »Auch die Katze muss aufpassen!« Der Esstisch neben der Spüle hat nur zwei Beine, mit der anderen Kante ruht er auf der schrägen Wand. Maßarbeit auch beim Bücherregal: Es neigt sich nach hinten, mit der Wand mit. Wie gesagt: mit etwas Kreativität alles kein Problem.

Der zweite Stock ist der größte, hier ist der auf die Ecke gestellte Würfel ja am breitesten. Fünfzig Quadratmeter für Bad und Schlafzimmer. Nicht schlecht! Durch die Fenster blicken wir in den Wolkenhimmel, denn hier beginnt der Würfel bereits wie eine Pyramide spitz nach oben zuzulaufen. Dorthin steigen wir auch noch. Zwanzig Quadratmeter für ein Gäste- oder Kinderzimmer. Oder zum Entspannen und Lesen. Der Panoramablick über die Skyline von Rotterdam und die weißen Spitzen der anderen Würfelhäuser ist toll. »Wie in den Alpen, mit spitz zulaufenden Gletschern«, findet Susanne.

»Ohne Familie, als Single, würde ich hier sofort einziehen!«, meint sie, als wir uns von Ed verabschiedet haben. »Warte mal ab, jetzt zeig ich dir was, was das hier noch toppt«, kündige ich an. Denn einen Steinwurf entfernt, bei der *Laurenskerk,* steht seit 2014 die neue Rotterdamer Markthalle – so groß wie ein Flugzeughangar, aber mit gebogenen Außenwänden, die so dick sind, dass darin Läden, Büros und Wohnungen Platz finden. Eigentlich sieht sie aus wie eine überdimensionale ausgehöhlte Biskuitrolle. Im Teigrand wird gewohnt oder gearbeitet. Und überall kann das Treiben auf dem Markt mitverfolgt werden. Ich weise Susanne auf die Wohnungen in den Seitenwänden hin, sie alle haben Fenster an der Innenseite. »Und schau mal, die Apartments ganz oben im Teigrand: Die haben einen Patio mit durchsichtigem Boden, die Bewohner können 45 Meter tief nach unten gucken auf die Markthalle.«

Die kolossale gebogene Decke, die an einen Sakralbau erinnert, ist knallbunt angemalt – so wie die Sixtinische Kapelle. Nur sind hier keine Heiligen oder Engel zu sehen, sondern riesige Zitronen und Bananen, Ähren oder Fische. Das gewaltige Deckengemälde entstand am Computer und besteht aus 400 Milliarden Pixel, gestaltet wurde es vom niederländischen Künstlerehepaar Arno Coenen und Iris Roskam als überdimensionales Früchte- und Gemüsestillleben.

Die Markthalle selbst stammt vom Rotterdamer Architekturbüro MVRDV. »Sie wollten Essen und Wohnen kombinieren und das Essen dabei möglichst monumental präsentieren«, erkläre ich Susanne, als wir durch die Halle mit ihren rund hundert Ständen schlendern. Wir widerstehen allen Köstlichkeiten – angefangen bei *loempias,* sehr feinen asiatischen Frühlingsrollen, bis hin zu Meeresfrüchtetellern. Nur einmal werden wir schwach, kurz vorm Rausgehen: Am besten *friettent,* Frittenstand, der Stadt kommen wir nicht vorbei und bestellen zwei Riesentüten *patat.*

Die neue Markthalle war lediglich der erste Streich von MVRDV in Rotterdam. Der zweite befindet sich im Museumspark mit dem Goldenen Kulturdreieck der Stadt: Dort liegen das städtische Kunstmuseum *Boijmans van Beuningen,* das *Nieuwe Instituut* für Architektur und Design, die *Kunsthal* von Rem Koolhaas und seit November 2021 auch das neue Depot des *Boijmans.* Und was für eines! Es stiehlt sogar noch der Markthalle die Schau. Wer es noch nie gesehen hat und ahnungslos um die Ecke kommt, glaubt im ersten Moment, eine Fata Morgana vor sich zu haben: Dieses Depot sieht aus wie ein riesiger runder Blumentopf – fast vierzig Meter hoch, rundum verspiegelt und gekrönt von einem Wald aus 75 Birkenbäumen. Die Rundumverspiegelung sorgt dafür, dass das Gebäude selbst zurücktritt und eigentlich unsichtbar wird – was man sieht, sind Park und Umgebung, die so visuell vergrößert werden.

Doch nicht nur sein Aussehen ist außergewöhnlich – das Depot ist auch das erste öffentlich zugängliche Museumsdepot der Welt. Mit bis zu 200 000 Besuchern pro Jahr wird gerechnet. Sie können an Führungen teilnehmen, sich aber auch frei im Gebäude bewegen und einen Blick hinter die Kulissen des Museumsalltags werfen. Innen führt ein Labyrinth aus Treppen kreuz und quer nach oben. Wir laufen an Etagen mit verglasten Wänden vorbei, hinter denen sich die Depots für die Kunstwerke und die Arbeitsplätze der Restauratoren und Konservatoren befinden. Wir können ihnen dabei zuschauen, wie sie Leihgaben verpacken oder Hängungen für die nächste Ausstellung ausprobieren. Auf Anfrage kann man sich sein Lieblingswerk aus dem Depot holen lassen, um dieses dann eine Zeit lang ganz für sich alleine aus nächster Nähe zu betrachten. Und noch ein Novum: Privatsammler können hier ihre Werke unterbringen und versorgen lassen, zum Beispiel, wenn sich jemand ein Kunstwerk angeschafft hat, für das er eigentlich keinen Platz hat, weil die Wohnung zu klein ist. »Mal sehen, ob ich denen meine fünf Picassos anvertraue«, witzelt Susanne, als wir Richtung Erasmusbrücke zurückradeln und den Tag in einem Grand Café am Veerhaven ausklingen lassen.

Nun ja, wirklich ausgeklungen ist er eigentlich erst im Hotelzimmer, wo wir den Crémant aus dem Kühlschrank holen und es uns auf dem breiten Doppelbett bequem machen. »Kannst du dir vorstellen, dass Rotterdam lange Zeit das

Image einer Arbeiterstadt hatte, in der Geld verdient wurde, aber nicht ausgegeben werden konnte?«, frage ich meine Freundin, während wir einträchtig nebeneinanderliegen und die Aussicht auf das nächtlich erleuchtete Rotterdam bewundern. Susanne schüttelt den Kopf. »Doch, doch«, versichere ich ihr, »Rotterdam galt als Stadt der aufgerollten Hemdsärmel, wo nur gearbeitet wurde und es nichts zu genießen gab.«

Es ist immer noch eine arme Stadt, eine der ärmsten des Landes, hier leben überdurchschnittlich viele arme Menschen. Zwar sind die Mieten und Immobilienpreise auch in Rotterdam gestiegen – aber sie liegen nach wie vor deutlich unter denen der anderen drei großen Städte Amsterdam, Den Haag und Utrecht. Das hat schon immer viele junge Künstler, Designer und Architekten angelockt, weil sie hier noch bezahlbare Ateliers und Arbeitsräume finden können. Deshalb die Aufbruchsstimmung, der frische Wind. Auch Arbeiter mit ihren Familien, Arbeitssuchende und arme Immigranten fanden in Rotterdam bezahlbaren Wohnraum.

Folge war aber auch, dass die Besserverdienenden in die Außenbezirke zogen. Inzwischen werden sie zurückgeholt. Andere Metropolen wie Amsterdam klagen über Gentrifizierung, weil es sich nur noch Reiche leisten können, dort zu wohnen. Rotterdam hingegen ist so arm, dass in den letzten Jahren speziell für die Besserverdienenden und die Mittelschicht zur Revitalisierung der Innenstadt zahlreiche Projekte mit qualitativ hochwertigen, großzügig gestalteten Wohnungen realisiert wurden. Die Landzunge Katendrecht ist dafür eines der jüngsten Beispiele. Wir springen aus dem Bett und laufen zum Fenster: »Siehst du, ganz links – da kannst du noch einen Zipfel sehen!«

Diese Landzunge ist gut dreimal größer als der *Kop van Zuid* und ein weiteres neues Herz von Rotterdam, das laut und kräftig schlägt. Am nächsten Tag haben wir uns dort mit meinen Rotterdamer Freunden Ad und Charlotte verabredet. Über eine lange Fußgängerbrücke, die den *Kop van Zuid* mit Katendrecht verbindet, gelangen wir ans andere Ufer.

»Was ist das denn?«, fragt Susanne und deutet auf ein mehrstöckiges Gebäude, das wie ein quadratisches Riesenhausboot mitten im Hafenbecken treibt. »Das neue Weltzentrum für Klima-Adaptation, das *Global Center on Adaptation*«, erkläre ich. Im September 2021 wurde es eingeweiht. »Es soll für Wissenschaftler und Unternehmer aus der ganzen Welt zur ersten Anlaufstelle werden, wo sie ihr Wissen austauschen und Projekte realisieren können.« Außerdem ist es eines der jüngsten Beispiele für nachhaltige Aqua-Architektur. »Es gibt in Rotterdam auch noch den ersten treibenden Bauernhof der Welt, mit rund vierzig Kühen an Bord!« Eigentlich müssen wir uns den auch noch anschauen. Ob wir das alles schaffen? »Diese Stadt bekommt tatsächlich laufend etwas Neues zum Anziehen«, stöhnt Susanne lachend.

Offiziell spazieren wir gerade über die *Rijnhavenbrug,* im Volksmund wird sie allerdings *Hoerenloper* genannt, Hurenläufer, wie die Freier von Prostituierten heißen. Denn bis vor Kurzem war Katendrecht ein berüchtigtes Rotlichtquartier für Seeleute, mit Puffs, Spelunken und Spielhöllen. Inzwischen hat sich die Landzunge zum Kreativ- und In-Viertel gemausert. Ihr Wahrzeichen liegt direkt vor uns am anderen Ufer, rechts und links vom *Hoerenloper: Fenix.* Die HAL baute diese Hallen 1923 als weltweit größten Speicher und Umschlagort für Waren. Der Teil links von der Brücke wird jetzt für Läden, Cafés, ein Theater und ein Kunstzentrum genutzt, obendrauf wachsen terrassenförmig gestaltete Loftwohnungen in den Himmel. Im rechten Teil soll 2023 nach dem Vorbild von Hamburg, Antwerpen und New York das Auswanderer-Museum *Fenix* eröffnen – eine weitere attraktive Kulturstätte. Im Fokus stehen die Emotionen der *land-*

verhuizers – Angst, Hoffnung, Heimweh, Mut, Zuversicht. Die Sammlung konzentriert sich auf Kunstwerke, in denen die universelle Geschichte von Menschen zum Ausdruck kommt, die alles, was sie besaßen, in ein oder zwei Koffer packten und in ein neues Leben aufbrachen.

»Eigentlich kaum vorstellbar, oder?«, fragt Susanne, als wir den Katendrechter *Deliplein* erreichen. Dieser Platz könnte auch irgendwo in einer französischen Stadt liegen. Die Bäume, die hier stehen, sind zwar keine Platanen, aber dafür wird Boule gespielt. Rundherum liegen unzählige kleine Restaurants – angefangen bei sehr robusten bis hin zu piekfeinen. Ad und Charlotte haben ein eher rustikales für uns ausgesucht. Sie sitzen schon auf der Terrasse und genießen die letzten Strahlen der Oktobersonne. Wie schön – den ersten *borrel* werden wir draußen trinken können!

Das Ehepaar gehört zu meinen ältesten holländischen Freunden. Als Studierende sind sie in den 1980er-Jahren nach Rotterdam gekommen und geblieben. »Gerade in den letzten zwanzig Jahren hat sich unglaublich viel getan«, erzählt Charlotte. An vielen Orten sei die Stadt kaum wiederzuerkennen und die Lebensqualität enorm gestiegen. Wie war das doch gleich mit der Stadt der aufgerollten Hemdsärmel, in der nur gearbeitet wird und das Geld nicht ausgegeben werden kann? »Das stimmt schon lange nicht mehr!«, versichern uns die beiden lachend.

Und deshalb bestellen wir jetzt eine Flasche Wein. Und lassen uns die Speisekarte bringen. Durch die bunten Blätter blinkt die untergehende Sonne. Zum Essen werden wir reingehen müssen, es wird jetzt schnell kühl. Eine leichte Brise wirbelt das Laub zwischen den Holzbänken auf – die schönsten Gold- und Rottöne. Morgen erwartet uns wieder ein sonniger Herbsttag. Susanne freut sich schon: »Ideal für eine Hafenrundfahrt!« Die großen Containerschiffe auf der *Maas-*

vlakte II will sie auch noch sehen. Und einkaufen – Mitbringsel für die Daheimgebliebenen. Einen kleinen Laib pikanten *boerenkaas,* Bauernkäse. *Hagelslag,* die bunten Streusel, die sich die Niederländer aufs Frühstücksbrot streuen. Und natürlich Lakritz: *drop* – das schwarze Gold!

Ich habe schon ein kleines Geschenk, das ich meiner Freundin mit auf den Nachhauseweg geben will. Ebenfalls etwas typisch Holländisches. War nicht schwer, es zu finden. Denn was schenkt man um diese Jahreszeit jemandem, der einen grünen Daumen und einen großen Garten hat und Blumen liebt? Richtig! Im nächsten Frühling, da bin ich mir ganz sicher, wird Susanne ihr blühendes Wunder erleben.

Hafenwelt

Dank seiner günstigen Lage am Delta von Rhein und Maas wurde der Rotterdamer Hafen zum größten der Welt. 2005 wurde er zwar von Singapur und einer ganzen Reihe chinesischer Ports überholt, doch es lohnt sich immer noch, in die beeindruckende Hafenwelt mit ihren Werften, Docks und Umschlagplätzen einzutauchen, am besten bei einer Rundfahrt in einem der Spido-Boote. Seit 1980 hat sich der Hafen immer weiter nach Westen verschoben, 45 Kilometer Richtung Hoek van Holland. Dort wurden dem Meer neue Gebiete abgerungen: die beiden *Maasvlaktes.* Wer den riesigen Seeschiffen dort nahe kommen will, sollte rausfahren zum Informationszentrum auf der Maasebene II und eine Fahrt mit dem *Futureland-Express* machen. An den Terminals türmen sich die Containerschiffe wie Gebirge auf, beladen mit bis zu 24 400 Containern, ein jeder sechs Meter lang. Würde man die alle aneinanderreihen, entstünde eine Strecke von 130 Kilometern.

Die Tulpe

Liebe Leserinnen und Leser, unsere Reise soll dort enden, wo sie begonnen hat: in der alten Rembrandtstadt Leiden, genauer gesagt im *Hortus botanicus* von Leiden. Da, wo sich die allererste Tulpe aus holländischem Boden bohrte.

Ich bin gerne hier. Weil es so friedlich ist. Weil mich hier, mitten in der Stadt, immer eine immense innere Ruhe überfällt. Fast so wie frühmorgens beim Schwimmen am menschenleeren Strand.

Carla Teune erwartet uns schon, sie sitzt auf der kleinen Holzbank vor dem Clusius-Garten, mit dem 1594 alles begann. Carla ist die Grand Old Lady der niederländischen Botanik. Und eigentlich schon längst pensioniert. Sie kommt bloß nicht dazu – auch wenn die energische kleine Frau mit dem einst roten Lockenkopf inzwischen auf die achtzig zugeht. Dazu ist ihr Know-how viel zu gefragt. Sobald es darum geht, Blumen, Gräser und Kräuter auf den Stillleben alter Meister zu identifizieren, melden sich sogar Museen bei ihr. So wie das *Mauritshuis* in Den Haag mit einer »Blumenvase in einer steinernen Nische«. Mehr als dreißig verschiedene Pflanzen hat Carla darauf erkannt, darunter die Kapuzinerkresse. »Aber die kleine, *Tropaeolum minus*«, stellt sie klar. »Die große Kapuzinerkresse, die wir heute alle kennen, gibt es erst seit dem 18. Jahrhundert – und das Bild entstand ja schon 1615.« Neulich sei eine Anfrage aus dem Palast auf dem *Dam* eingetroffen: das Porträt eines Mädchens mit einer Tulpe von 1643. Carla identifizierte sie sofort als Kreuzung. »Ich hätte dieses Bild klauen können«, schwärmt sie. »Wunderschön!« Das Mädchen natürlich auch.

Tulpen sind Carlas Spezialität, dazu hält sie nach wie vor Lesungen und macht Führungen durch den *Hortus botanicus.* Er ist ihr zweites Zuhause geworden, nach mehr als fünfzig Jahren kennt sie ihn wie ihre Westentasche. Er gehört zu den fünf ältesten botanischen Gärten der Welt und war der erste in den Niederlanden. »Nationale Schatzkammer der Botanik« wird er auch genannt. Der älteste Baum steht direkt am Eingang: ein Goldregen aus dem Jahre 1601. »An dem ist Rembrandt schon vorbeigelaufen«, erklärt Carla.

Nach dem Vorbild der Universitäten von Pisa und Padua, die bereits 1544 und 1545 einen botanischen Garten bekamen, beschlossen auch die Kuratoren der Leidener Universität Ende des 16. Jahrhunderts, einen solchen Kräutergarten anlegen zu lassen. »Für die Medizinstudenten«, sagt Carla und deutet auf den von einem Gitter umgebenen Clusius-Garten vor uns. »Das ist der ursprüngliche Hortus.« Er ist benannt nach dem Mann, der ihn anlegte: Charles de l'Écluse, besser bekannt als Carolus Clusius, ein berühmter flämischer Botaniker. Geboren wurde er 1526 in Atrecht, dem heutigen Arras in Nordfrankreich. Als die Anfrage aus Leiden kam, war er bereits 66 Jahre alt, ein für seine Zeit stattliches Alter.

Clusius verkörperte das Idealbild eines Gelehrten der Renaissance: Er hatte Recht und Medizin studiert und war hungrig nach Wissen. Ein besessener Sammler, kreuz und quer in Europa unterwegs auf Pflanzenjagd. »Wenn er eine neue Pflanze entdeckt hatte, wollte er die unbedingt haben«, erzählt Carla, als wir aufstehen und uns, an der Büste von Clusius vorbei, in seinen einstigen Garten begeben. »Dann zog er alle Register – angefangen bei Betteln über Geld bis hin zu Drohen.«

Clusius hatte jahrelang in Wien gelebt, wo er für Kaiser Maximilian II. ebenfalls einen Garten angelegt hatte. Dort trafen viele neue Pflanzen aus der Türkei ein, die sich von Wien aus in Europa verbreiteten. Ein Landsmann von Clusius war kaiserlicher Botschafter in der Türkei, Ghislain de Busbecq. Er ließ sich in seinen Briefen immer wieder bewundernd über eine geheimnisvolle Blume aus, die von Kasachstan aus in die Türkei gelangt war und von den Osmanen wie ein Kleinod behandelt wurde. »Das war die Tulpe«, verkündet Carla feierlich.

Ihr Name soll auf das türkische Wort für Turban zurückgehen, so heißt es immer. »Weil die Form der Tulpen die Leute an einen Turban erinnert. Aber«, stellt Carla klar, »das ist ein Irrtum. In der Türkei heißt die Tulpe Lale.« Das habe der Botschafter damals wohl mit dem Wort für Turban verwechselt: »Vielleicht, weil es üblich war, sich Tulpen an den Turban zu stecken.« Zum Beispiel bei den rauschenden Tulpenpartys, die der Sultan immer wieder zu Ehren dieser Blume abhielt. »Weil er sie selbst so bezaubernd fand.«

Jedenfalls bestellte Clusius bei diesem Botschafter ein paar Tulpenzwiebeln, ein paar *bollen,* wie sie auf Niederländisch heißen. Und die befanden sich in seinem Reisegepäck, als er an einem Herbsttag 1593 in Leiden eintraf, genauer gesagt am 19. Oktober. Clusius wusste, was er nun zu tun hatte. Und so kam es, dass im Frühling 1594 die erste Tulpe das holländische Licht der Welt erblickte. Mit ihren hochgezüchteten modernen Schwestern hatte sie wenig gemein: Sie war viel kleiner und zarter, rot-gelb gestreift, mit einem leichten Flaum aus Härchen auf dem Stängel. *Zomerschoon* wurde sie getauft, Sommerschön.

Sie blüht noch heute im Clusius-Garten, zusammen mit ein paar anderen alten Sorten. »Wo genau Clusius die *bollen* einst in die Erde steckte, wissen wir nicht«, seufzt Carla mit einigem Bedauern. Bei fast allen anderen Pflanzen stehe die Stelle fest. Während wir durch den Garten laufen, beginnt sie mit dem Finger deutend aufzuzählen: »Das sind die Anemonen, hier haben wir die Pfingstrosen und da drüben die Irisblumen.« Auch Maiglöckchen, Rosen, Jasmin und Hibiskus fehlen nicht, ebenso wenig Spargel, Zwiebeln, Tomaten, Lauch, Salbei. »Das alles hatte Clusius damals schon, und es ist noch immer da, wo es bereits vor 400 Jahren war.«

Die Tulpe aber habe allen anderen Pflanzen die Schau gestohlen. Sie musste sogar mit einem Gitter vor den Schaulustigen geschützt werden, damit sie nicht zertrampelt wurde. Warum? »Ganz einfach«, sagt Carla und stellt eine Gegenfrage: »Welche Farbe haben die meisten Frühlingsblumen?« Rosa, Weiß, Gelb. »Rot ist im Frühling selbst heute noch die Ausnahme. Damals kannte man das überhaupt nicht, eine rote Blume. Die Leute kriegten sich nicht mehr ein!« Eine Sensation sei das gewesen, ein Weltwunder!

Aus der anfänglichen Begeisterung wurde schnell Besessenheit. Die sogenannte »Tulpenraserei« begann, eine Zeit, in der ein einziger *bol* bis zu 13 000 Gulden einbrachte – genauso viel, wie Rembrandt 1639 für sein Haus an der *Jodenbreestraat* in Amsterdam gezahlt hatte. Diesen Spitzenpreis erzielte 1637 eine Superzwiebel namens Semper Augustus, ein Prachtstück, so ein Zeitgenosse, »wie es ein Blumist nie schöner sah, mit lackroten Flammen auf weißem Grund.« Ein geflammtes Exemplar, hervorgebracht durch einen Virus.

Aber das wusste damals noch keiner. Der Tulpenhandel wurde Big Business: Reiche Leute schmückten mit dem vergänglichen Juwel das Dekolleté ihrer Geliebten, es war teurer als ein Diamant! Da das Angebot bei Weitem nicht der Nachfrage entsprach, wurden *bollen* zum beliebtesten Spekulationsobjekt – bis am 6. Februar 1637 der Markt einstürzte, was als erster Börsenkrach der Welt in die Geschichte einging.

Der Beliebtheit der Tulpe allerdings konnte das keinen Abbruch tun. Dafür sorgte der damals schon sprichwörtliche Handelsgeist der Niederländer. »Und der durchlässige Sandboden zwischen Haarlem und Leiden«, erklärt Carla. Der *Bollenstreek,* das Blumenzwiebelanbaugebiet, das sich im Frühling in ein abstraktes Gemälde mit vielen bunten Streifen verwandelt. Wieder wurde die Tulpe Big Business und ist es bis heute geblieben. Nun als Massenprodukt, das nur noch ein paar Cent kostet. Die rund 1500 niederländischen Blumenzwiebelzüchter geben ihr Wissen von Generation zu Generation weiter und überrollen die Welt jedes Jahr mit 8,5 Milliarden *bollen,* darunter zweieinhalb Milliarden *tulpenbollen.*

In aller Welt ist die Tulpe zum Inbegriff des Frühlingsboten geworden und hat als niederländisches Nationalsymbol Holzschuhe und Windmühlen längst in den Schatten gestellt. Erst recht, nachdem ihre Zwiebel im Kriegswinter 1944/45, dem *hongerwinter,* Tausende von Niederländern vor dem Hungertod bewahrt hatte: In ihrer Not kamen sie auf die Idee, Tulpenzwiebeln anzubraten und zu essen. Nach dem Krieg wurde 1948 der Keukenhof eröffnet, ein ehemaliges Landgut, das mit seinen Blumenshows jedes Jahr Millionen von Touristen anlockt, die dort über Millionen von blühenden Zwiebelblumen staunen. Kurz darauf brachte der Ohrwurm »Tulpen aus Amsterdam« (übrigens eine deutsche

Komposition!) die Menschen weltweit zum Mitsingen. Der Siegeszug der Tulpe war nicht mehr aufzuhalten. Inzwischen taucht sie im Logo niederländischer Banken und Fluggesellschaften auf, Firmen benennen sich nach ihr, und nicht umsonst bekam Altfußballer Ruud Gullit in Italien den Beinamen »schwarze Tulpe«.

Die gibt es übrigens nach wie vor nicht, allen Bemühungen der Züchter zum Trotz. Da kann der Keukenhof noch so protzen mit seinem angeblich rabenschwarzen Damentrio *Black Beauty, Black Diamond* und der *Queen of the Night* – bei genauerem Hinsehen sind sie doch eher dunkelviolett. »Das Rot lässt sich halt nicht rauskriegen«, sagt Carla. Ansonsten aber ließ die Tulpe alles bereitwillig mit sich anstellen. Es gibt sie inzwischen mit gefülltem Blütenkelch wie Pfingstrosen, mehrfarbig gestreift im Fransenlook oder mit langen, spitzen Blütenblättern.

Berühmte Zeitgenossen werden damit geehrt, dass eine Tulpe nach ihnen benannt wird – angefangen bei Königin Máxima bis hin zu Angela Merkel. Selbstverständlich gibt es auch bereits eine Tulpe, die den Namen der Grand Old Lady der niederländischen Botanik trägt, ein weinrotes Exemplar. »Da hinten, das bin ich!«, lacht Carla Teune mit einem Blick auf die Uhr. Sie darf die Zeit nicht vergessen, sie hat gleich wieder eine Besprechung.

Das Einzige, was bisher zumindest ein bisschen am Image des niederländischen Nationalsymbols kratzen konnte, waren die Proteste von Umweltschützern. Denn um die Welt jedes Jahr mit Milliarden von *bollen* zu überrollen, setzen viele Blumenzüchter nach wie vor zu viel Gift ein und belasten Böden und Wasser – auch wenn manche mittlerweile auf umweltfreundlichere Anbaumethoden umgestiegen sind. Vielleicht liegt es daran, dass sich einige Restaurants trauen, der Tulpenzwiebel als Gemüse eine Renaissance zu verschaffen. Leicht angebraten in Öl, mit Salz und Essig soll sie nicht nur *lekker* sein, sondern obendrein eine aphrodisische Wirkung haben. »Es gibt welche, die die Tulpe gebrauchen, *die meer lust dan macht hebben tot den bijslaap«*, heißt es ebenso schön wie anschaulich in einem alten Kräuterbuch von 1664: die mehr Lust als Macht zum Beischlaf haben.

Carla muss laut auflachen, als ich diese Zeilen zitiere. Sie wagt das zu bezweifeln: »An einer Tulpenzwiebel ist nicht viel dran. Sie füllt – aber das ist auch schon alles.«

Und wie ist das mit der ungekannten Babywelle, die die Niederländer 1945, also nach dem Hungerwinter, erlebten?

Carla winkt immer noch lachend ab: »Die hat eher was mit der Euphorie über die Befreiung zu tun.« Das sei immer so, wenn ein Krieg ende, meint sie mit einem erneuten Blick auf die Uhr. »Dann haben die Leute wieder genug Zuversicht, um Kinder in die Welt zu setzen.« Oder bekämen einfach wieder Lust auf die Liebe. Die bleibe in schweren Zeiten ja ebenfalls oft auf der Strecke. »So, jetzt muss ich aber wirklich los!«

Lächelnd sehe ich ihr nach, wie sie mit energischen kleinen Schritten ins Hauptgebäude eilt. Gleich werde ich mich auch von euch verabschieden müssen. Ich habe mich mit Ina verabredet, auf der schwimmenden Terrasse von *Annie's* im Herzen der Leidener Altstadt. Natürlich werde ich das kurze Stück dorthin *fietsen*. Ohne Helm, versteht sich. Den hab ich nach wie vor nicht. Ich freu mich schon auf den Wind in meinen Haaren. Manchmal vergesse ich seine Anwesenheit, obwohl er hier, so nahe an der Küste, eigentlich immer da ist. Und grundsätzlich von vorne kommt, auch auf dem Rückweg.

Ein paar Minuten kann ich noch sitzen bleiben. Um die friedliche Stimmung zu genießen. Und unsere gemeinsame Reise Revue passieren zu lassen. Ich hoffe, sie hat euch gefallen. All denjenigen, die dieses Land noch nicht kannten, habe ich es vielleicht ans Herz legen und ein bisschen näherbringen können. Sodass es nicht mehr *onbekend* und damit *onbemind* ist. Das wäre schön. Und alle, die meine Wahlheimat schon kannten und vielleicht bereits lieben: Ich hoffe, ich habe auch euch Neues erzählen und zum weiteren Verständnis beitragen können – vielleicht hattet ihr ab und zu sogar ein Aha-Erlebnis. Auch das wäre schön.

Eigentlich – und je länger ich darüber nachdenke, desto mehr gefällt mir dieser Vergleich – war unsere Reise mit allen ihren Facetten, den vielen verschiedenen Landschaften, Städten und Menschen wie ein großer Blumenstrauß. Ein riesiger bunter Tulpenstrauß.

Den möchte ich euch jetzt zum Abschied überreichen. Wenn ihr die Nase reinsteckt, werdet ihr feststellen, dass er nicht nur nach Frühling riecht, sondern auch ein klitzekleines bisschen nach Salz und See. Und nach Freiheit.

Epilog

Es ist einer jener Tage, an denen das Thermometer nicht über null Grad klettern wird. Schon der dritte in Folge. Sollte es etwa zum Lauf der Läufe kommen? Zum ersten *Elfstedentocht* seit 1997?

Wir haben uns extra warm eingepackt, Schal, Handschuhe, dicke Wollmützen, um mit unseren Labradorhündinnen vom *Wassenaarse Slag* nach Katwijk zu laufen. Eine Stunde hin, eine Stunde zurück, dazwischen eine Verschnaufpause mit warmer *chocolademelk* oder einem *kopje koffie*.

Die See ist wild an diesem Wintermorgen, der Strand bis auf ein paar weitere Hundebesitzer menschenleer. Die hölzernen Pavillons mit ihren Terrassen sind verschwunden, noch ein paar Monate, dann werden sie wieder aufgebaut. Am Horizont ziehen wie immer Containerschiffe träge nach Schottland und Skandinavien. Oder, entgegengesetzt, Richtung Ärmelkanal und Hafen Rotterdam.

Dieter zieht seine Mütze tiefer in die Stirn und beobachtet mit besorgtem Blick, wie sich Nina und Emma ungeachtet der Temperaturen und des Wellengangs in die Nordseefluten stürzen. Lächelnd stelle ich mich neben ihn und ergreife seine Hand. *Komt goed!*

Eine Weile stehen wir schweigend nebeneinander und lassen den Blick über die winterliche Strandlandschaft schweifen. Der Sonne, die gerade über den Dünenhügel gekommen ist, wird es an diesem Tag nicht gelingen, durch den milchigen Winterhimmel zu brechen. Die Wasserlachen am Strand sind von einem dünnen Eisfilm überzogen. Nina ist beim Drüberlaufen eingebrochen – eine völlig neue Erfahrung, die sie überrascht zur Seite springen ließ. Am Horizont baut sich ein Wolkengebirge auf. Der Nordwestwind treibt es auf uns zu und mit ihm immer wieder neue schaumgekrönte Wellen, die das Meer zum Rauschen bringen. Mächtig türmen sie sich vor uns auf, lassen tiefe Täler entstehen, bevor sie sich krümmen und zusammenbrechen. In der Ferne zeichnen sich ganz schwach die Konturen des Leuchtturms von Katwijk ab. Eigentlich lässt er sich nur erahnen. Auf dem Dünengras liegt Raureif.

Was ist es schön, *mijn vlakke land!*

N
W
O
S
Nordsee
Ters
Oost-Vlieland
Vlieland
Harlin
Texel
Abschlussd
Hindeloop
Enkhuizen
Hoorn
NORD-
HOLLAND
Haarlem
Amsterdam
Katwijk aan Zee
Wassenaarse Slag
Scheveningen
Leiden
Vecht
Den Haag
Utrecht
Delft
SÜDHOLLAND
Rotterdam
Dordrecht
BIESBOSCH
Renesse
Oosterscheldekering
Oosterschelde
Hollandsch
Diep
LOONSE
EN DRUNENS
DUINEN
Domburg
Veere
Breda
Zoutelande
Middel-
burg
Tilburg
Vlissingen
Zundert
ZEELAND MIT ZEEUWS-
VLAANDEREN
Belgien